나를 지키는 대화
커뮤라이제이션

무례한 사람과 **언어폭력 바이러스**로부터

나를 지키는 대화
커뮤라이제이션

이정훈 지음

글라이더

머리말

언어폭력 바이러스로부터 당신을 지켜줄
새로운 커뮤니케이션 기술, 커뮤라이제이션!

구인 포털사이트 '사람인'에서 직장인 1,008명을 대상으로 이런 질문을 했다. "당신은 직장 내에서 폭언을 들은 적이 있습니까?" 조사 결과 68.2%가 폭언을 경험했다고 답했다.[1]

직장인 열 명 중 일곱 명 가까이가 폭언을 경험한 셈이다. 이 놀라운 결과는 다양한 기업에 종사하는 지인들에게 물어봐도 비슷했다. 그리고 언어폭력에 관한 다양하고 충격적인 경험담을 들을 수 있었다. 안타까운건 지금까지 언어폭력을 겪어보지 않은 사람일지라도 70%라는 수치에서 계속 예외일 수는 없다는 사실이다.

언어폭력은 말 그대로 폭력 중 하나다. 신체적 폭력은 상대에게 즉각적인 타격을 주지만, 언어폭력은 목을 조르듯 서서히 숨통을 막는다. 이런 힘든 상황은 어디에 가서 이야기하기도 쉽지 않다. 그래서인지 혼자 속앓이하며 견뎌내는 사람들을 종종 볼 수 있다.

그렇다면 언어폭력은 당하는 사람만 피해자일까? 그렇지 않다. 폭언은 바이러스같이 쉽게 퍼져 나간다. 언어폭력 바이러스는 지금도 당신의 가정, 직장, 사회로 퍼져 나가고 있다. 언어폭력은 사회적 감정 문제와 경제적 손실을 일으키는 요소다. 그 예로 〈뉴욕타임스〉는 '폭언과 무시를 당한 집단이 폭언을 듣지 않은 집단보다 30% 이상 실적이 저조하다'는 미국 조지타운대학교의 연구 결과를 보도하였다. 이처럼 언어폭력은 단순한 문제가 아니다. 최근 직장 내 괴롭힘 금지법이 시행되었지만, 사회생활을 하면서 누군가를 고발하기란 쉽지 않다. 현명한 접근 방법이 절실하다.

2017년 할리우드의 한 시상식에서 배우 메릴 스트리프의 울림 있는 수상 소감이 화제가 되었다.

"미국에서 가장 존경받는 자리를 원하는 한 남성이, 어떤 장애가 있는 기자를 흉내 내는 순간이었습니다. 그는 그 기자에 비해 특권, 권력, 맞서 싸울 능력이 모두 더 컸습니다. 그 순간 제 마음이 무너졌고, 지금도 고개를 들 수가 없습니다. 그건 영화가 아닌 현실이었습니다. 이렇게 공식적인 자리에서 힘을 가진 이가 남에게 굴욕감을 주려는 본능을 드러내면, 다른 모든 이의 삶에 퍼져 나갑니다. 다른 사람들도 그런 행동을 해도 된다고 허락하는 것과 같기 때문입니다. 혐오는 혐오를 부르고 폭력은 폭력을 낳습니다. 권력을 가진 사람들이 약자를 괴롭히기 위해 자신의 위치를 이용한다면, 우리는 모두 패배할 겁니다."

도널드 트럼프 미국 대통령이 장애인 기자를 모욕하는 장면을 보며 그녀는 충격을 받았다. 사람들은 트럼프 한 사람에 대한 비난보다 권력과 특권, 그리고 싸울 능력이 우월한 사람이 약자를 괴롭힐 때 사회 전체가 병들게 될 거라는 여배우의 외침에 공감했다.

폭언은 주로 강자의 입에서 나온다. '갑'의 위치에 있는 고객이나 권력을 가진 직장 상사의 폭언에 '을'이 대항하기란 쉽지 않다. 용기를 내어 직언(Straight talk)을 한다 해도 얻는 것보다 잃는 게 많다.

폭언하는 자의 태도를 바꾸기는 어렵겠지만, 폭언에 따른 정신적 충격을 최소화할 방법은 없을까? 폭언으로 생긴 트라우마 때문에 나의 생각을 논리적으로 전달하기 어려울 때는 어떻게 해야 할까? 이 책《나를 지키는 대화, 커뮤라이제이션》은 언어폭력의 피해를 최소화하고 자기 의사를 논리적으로 전달하는 데 도움이 될 것이다.

프랑스 실존주의 철학자 사르트르는 "인생은 B와 D 사이의 C"라고 했다. 여기서 'B'는 Birth(탄생), 'D'는 Death(죽음), 'C'는 Choice(선택)이다. 인생은 태어나서 죽을 때까지 선택의 연속이다. 언어폭력을 하는 사람을 만나는 것은 나의 선택이 아닐 수 있다. 하지만 언어폭력에 현명하게 대처하는 방법을 선택(Choice)하고 상황을 변화(Change)시킬 수 있는 것은 자신과 자신의 의지뿐이다. 이 책이 모든 언어폭력을 막아줄 수는 없을 것이다. 하지만 전염병 예방을 위한 백신과 같이 언어폭력의 심각성을 인식하고 대비책을 스스로 준비할 수 있게 작은 도움이나마 되었으면 한다.

마지막으로, 이 책이 세상에 나올 수 있도록 응원해주신 사랑하는 양가 부모님과 주영·우찬·광일·미선·유진, 소울메이트인 승호·용진·장훈·지후와 여은민 대표님, 그리고 글라이더 박정화 대표님께 감사드린다.

2021년 새해 아침
이정훈

차례

7장 바로 쓰는 5가지 대화 기술

1장

우리는 모두
감정노동자

01 | 윗말이 맑아야 아랫말도 맑다

　부패와 관련하여 '윗물이 맑아야 아랫물이 맑다'는 표현이 자주 인용된다. 국제투명성기구(TI)가 발표하는 국가별 부패인식지수(CPI)에서 한국은 2017년 51위를 했다. 하지만 정부나 기업에서 부패 방지 교육을 하고 관련 법안을 발의한 결과, 2019년에는 39위로 올라섰다. 정부와 기업 그리고 시민이 함께 노력한다면 사회는 변화할 수 있다는 가능성을 보여준 셈이다. 그에 반해 국내 언어폭력 환경에 대한 반성과 개선은 여전히 필요하다. 언어 환경에서도 '윗말이 맑아야 아랫말도 맑다'. 폭언은 단순한 욕이 아니다. 정신력을 강화해주는 도구도 아니다. 폭언은 폭력의 한 종류일 뿐이다. 언어폭력은 한 사람의 인생을 파괴할 수 있을 정도로 치명적이다. 정신건강의학과 최지

욱 교수의 연구에 따르면 학대하는 말을 듣고 자란 아이는 언어 뇌 회로 발달에 문제가 생긴다. 언어 학대는 언어적 지능 저하는 물론 감정 조절 문제에도 영향을 미친다는 것이다.[1] 당신이 매일 폭언을 듣는다고 가정해보자. 언어폭력에 점차 무뎌질 순 있지만, 당신의 정신과 마음은 점진적으로 멍들어갈 것이다. 그것은 곧 마음과 정신이 병들어간다는 뜻이다. 누군가가 나에게 폭언을 쏟아내면 내 감정은 매우 불안정해진다. 그래서 가까운 동료나 가족에게 따뜻한 말보다 날카로운 말을 쉽게 건네게 된다. 이는 사회의 언어를 병들게 하여 개인은 물론 조직까지 위태롭게 한다.

현대 사회에 폭언으로 정신력을 강화하는 방법은 불필요하다. 우리는 모두 큰 범위에서 감정노동자이기 때문이다. 〈위키백과〉는 감정노동의 정의와 감정노동에서 발생하는 문제점을 다음과 같이 설명한다.

감정노동(Emotional Labor)은 직장인이 사람을 대하는 일을 수행할 때에 조직에서 바람직하다고 여기는 감정을 자신의 감정과는 무관하게 행하는 노동을 의미한다. 판매, 유통, 음식, 관광, 간호 등 어른 서비스노동에서 주로 발생한다. 감정노동 연구는 일

---

1) "부모의 학대 경험, 자녀 뇌에 평생 상처로 남는다.", 〈충청일보〉, 2016.
1.28

반 사기업 부문(private sector)뿐만 아니라 정부 및 공공기관 업무와 관련된 직무 종사자도 이 범주에 포함된다. 이와 관련된 최근 논문은 2015년에 출판된 바 있다.

감정노동은 실제로 느끼는 감정과 다른 감정을 표현해야 할 때 발생하며, 감정노동으로 생긴 감정적 부조화는 감정노동을 하는 조직 구성원을 힘들게 만들며 감정노동으로 생긴 문제가 적절하게 다루어지지 않는 경우엔 심한 스트레스(좌절이나 분노, 적대감, 감정적 소진)를 보이게 되며, 심한 경우엔 정신질환 및 자살까지 갈 수도 있다.

몇 년 전에 폭언과 관련하여 안타까운 소식을 접했다. 한 젊은 검사가 상사의 폭언과 폭행에 견디다 못해 자살했다는 것이다.

"상사로부터 매일 욕을 들으니 한 번씩 자살 충동이 든다."[2]

이는 고인이 친구와 나눈 문자 메시지다. 젊고 유능한 검사의 죽음은 직장 내 조직 문화가 얼마나 중요한지 보여주는 사례다. 심성이 착한 사람일수록 상대의 말을 흘려듣거나 무시하는 법을 잘 모른다. 그런 사람에게는 폭언이 더욱 치명적일 수 있다.

우리는 어릴 때 '어른 말씀을 잘 들어야 한다'고 교육받았다. 취업하여 상사를 만나는 것은 한 분야의 어른을 만나는 것이

---

2) "한 젊은 검사의 죽음… 이면엔 상사의 폭언?", 〈KBS 뉴스〉, 2016.7.5.

다. 그러나 상사가 일을 잘 하지 못했다거나 실수를 했다는 이유로 폭언을 하면 부하 직원의 마음은 부정적인 감정으로 가득 찰 것이다.

'요즘 누가 직장에서 폭언을 하나?'라고 생각하는 사람은 정말 운이 좋다. 머리말에서처럼 70%의 직장인이 언어폭력을 경험하는 것이 현실이다. 지금까지 폭언을 경험하지 못한 30%도 언젠가 언어폭력을 당할지 모른다.

EBS 프로그램인 〈다큐 프라임〉은 '감정시대'라는 주제로 언어폭력에 대한 시청자의 공감을 끌어냈다. 2부 "감정의 주인"에서는 갑질하는 고객과 마트 직원 사이의 감정 교류를 잘 설명했다. 마트에서 10년 넘게 근무한 상담원은 얼굴도 모르는 고객에게 50분 동안 욕설을 들으면서 삶의 회의를 느꼈다. 세수하고 양치하다 문득문득 '엄마로서 인간으로서 왜 당하고 있어야 할까?' 하는 부정적 생각이 들었다. 갑질 손님을 규제할 강력한 방침이 없다 보니 스스로 갑질 손님 대응 방안을 마련하기도 했다. 그러나 정부나 회사가 예방 방침을 마련해주지 않는 이상, 개인이 폭언 문제를 스스로 해결하기는 매우 힘들다.

한때 직장인 사이에서 '존버' 정신이 인기였다. 존버는 '존나게 버티자'의 준말로 무작정 버텨보자는 자기 다짐이다. 과연 버티기는 건강한 문화일까? 버티기 문화는 끈기라는 개념을 넘어, 건강하지 못한 방법과 올바르지 않은 결과도 수용해야 한다는 선입견으로 번질 수 있다.

　가수 싸이의 〈아버지〉라는 노래는 기성세대의 아버지를 잘 표현했다. 그 노래의 뮤직비디오에서 아버지는 집을 끈으로 묶어 이끌어 간다. 그 무게가 너무 무거워 손에서 피가 난다. 그런데 돌아보면 자기만 바라보는 가족이 서 있다. 아버지는 한 번 웃고 다시 힘을 내 앞으로 나간다. 주변을 둘러보면 참고 사는 사람이 너무 많다. 속상하면 술 한잔하고 가족 생각하며 한번 더 참는다. 이렇게 영화나 뮤직비디오에는 약자가 강자에게 언어폭력을 당하면서도 자존심을 내세우지 않고 참는 장면이 자주 등장한다. 그렇게 기성세대는 참고 살았다.

　열정을 다하던 신입사원 시절, 대다수의 고객은 신입사원인 나를 따뜻하게 응원해주었다. 그런데 우리 회사의 영업 정책이 마음에 안 든다며 지속적으로 폭언을 하는 한 고객이 있었다. 그 당시 마음고생을 어쩌나 했는지 시간이 갈수록 내 얼굴은 어두워지고 웃음은 줄어들었다. 이를 알게 된 회사 선배가 조언을 해주었다.

　"너는 지금 고통이라는 물을 컵에 담아 들고 있어. 계속 들고 있어봤자 네 팔만 아프지. 제일 좋은 방법은 그 컵을 내려놓는 거야. 누가 도와줄 수 있는 게 아니야. 네가 내려놓으면 되는 거야."

이 멋진 말은 내 마음을 편하게 해주었다. 하지만 며칠 지나지 않아 나는 그 고통의 컵을 다시 들어 올렸다. 왜일까? 지속적인 폭언은 무시하고 넘어갈 수 있는 문제가 아니다. 그건 누군가 골목에서 나를 폭행하는데 머릿속으로 '이건 아픈 게 아니다! 난 견딜 수 있다! 곧 좋아질 것이다!'라고 외치는 것과 같다.

그렇다면 어떻게 해야 할까? 가능하다면 맞지 않도록 피해야 한다. 피할 수 없다면 더는 맞지 않기 위해 호신술이라도 배워야 한다. 우리는 언제까지 상대의 악한 감정을 받아내며 버텨야 할까?

이제 적극적으로 폭언을 방어하고, 그 부당함을 표현할 수 있는 연습을 해야 한다. TV에서 여성을 대상으로 호신술을 가르쳐주는 프로그램을 보곤 한다. 호신술은 화려하고 멋진 기술이 아니라, 때맞춰 바로 사용할 수 있는 쉬운 기술이다. 언어폭력이 난무하는 상황도 마찬가지다. 머릿속에서 바로 떠올려 자신을 지킬 수 있는 언어 호신술, 아니 호심(心)술이 필요하다.

> **"**
> 코로나 바이러스 예방에는 마스크가 매우 효과적입니다.
> 언어폭력 바이러스도 마음의 마스크가 필요합니다.
> **"**

02 | 언어폭력으로 평생 고통받는 사람들

언어폭력은 단순한 경험으로 끝나지 않는다. 세계 10대 악마 실험 중 하나로 불리는 '몬스터 실험(the monster study)'[3]이 그것을 증명한다. 몬스터 실험은 미국 아이오와대학의 웬 델 존슨이 1939년에 진행한 연구로, 고아 22명 중 반에게는 칭찬 등을 통한 긍정적 언어 치료를 했고, 나머지 반에게는 실수를 비난하는 등 부정적 언어 치료를 했다. 그 결과 부정적 언어 치료를 받은 아이들은 부정적 심리를 보였는데, 어떤 아이는 성인이 되어서도 언어장애를 안고 살았다. 이 잔인한 실험을 주관한 아이오와대학은 2001년이 되어서야 몬스터 실험의 잘못을 공식으로 사

---

3) "인간의 '잔인함'의 끝을 보여주는 소름돋는 '생체' 실험 6가지", 〈인사이트〉, 2017.11.12

과하였다. 지속적인 폭언이 한 사람의 삶에 씻을 수 없는 상처를 입혔기 때문이다.

나이가 어릴수록, 폭언을 당해본 경험이 없을수록 충격은 더욱 치명적일 수 있다. 학생 때도 마찬가지지만, 사회 초년생이 직장 내 약 70%라는 언어폭력 피해자가 된다면 그가 겪을 정신적 충격은 평생을 갈 수도 있을 것이다.

다른 사례를 살펴보자. 아세아연합신학대학의 이한영 교수는 한 강연[4]에서 흥미로운 연구 결과를 언급했다. 길이 1.3m에 무게 23kg이나 되는 북부민물꼬치고기는 자기 얼굴만 한 잡어도 삼켜버린다. 북부민물꼬치고기를 실린더 튜브에 담아 강물에 넣어보았다. 북부민물꼬치고기는 잡어를 먹기 위해 버둥거렸다. 그러나 실린더 안에서는 몸을 자유롭게 움직일 수가 없어 잡어를 먹을 수 없었다. 그렇게 사흘 동안 두었다 실린더를 빼보았다. 엄청난 식욕을 자랑하던 물고기가 자유를 되찾은 뒤 지나가는 잡어를 보고 어떤 반응을 보였을까? 놀랍게도 북부민물꼬치고기는 잡어를 보고도 먹지 못했다. 이한영 교수는 이 현상을 '트라우마'로 설명했다. 선생님이 자신에게 "바보"라고 한 말에 트라우마가 생긴 학생의 경우, '난 똑똑할 수가 없다'고 생

---

4) "복음과 트라우마 치유", 〈CGNTV Korea〉, 2016.10.9.

각해 위 실험과 같이 실린더 속으로 자신을 밀어 넣을지 모른다고 말했다. 자유롭게 해줘도 트라우마 때문에 그 자유를 누리지 못한다는 것이다.

어릴 적 누군가에게 언어폭력을 당한 기억이 있는가? 그렇다면 당신은 지금까지 작은 실린더 안에서 살아왔는지도 모른다. 그렇게 자신의 잠재된 재능을 평생 감추고 살아왔는지도 모른다.

> 당연하다고 생각했던 누군가의 언어폭력이 당신의 꿈을 가로막고 있진 않나요?

기업의 실적을 떨어뜨리는 언어폭력 바이러스

기업의 실적이 떨어지면 무엇부터 할까? 실적 파악, 원인 분석, 전략 수립 등 많은 일이 빠르게 진행된다. 그러나 실적이 떨어졌다고 해서 조직 내 언어 환경 실태 조사를 하는 경우는 거의 없다. 다음의 조사 결과를 보자. 대표라면 무엇을 더 중요시해야 하는지 알 수 있을 것이다.

"폭언이 기업 실적 30%를 낮출 수 있다"라는 결과가 있다. 폭언이 기업 실적에 직접적인 영향을 미친다는 사실이 미국 조지타운대학의 실험으로 검증되었다.

"하루 세끼 밥 먹는 것도 네겐 아까워. 이 XX야.", "몇 대 맞아야 정신 차릴래?" 인간의 가치를 한없이 깎아내리는 막말을 아직도 쓰나 싶겠지만, 이는 한 상담센터에 접수된 대표적 폭

언 사례다.[5]

실제 기업 안에서의 언어폭력은 보이지 않는 바이러스처럼 퍼지고 있다. 최근에는 대표가 직원에게 폭언을 가해 뉴스에 보도되기도 했다. 예전에는 사회적 논쟁거리가 되지 못했지만, 언어폭력의 심각성이 점점 강화되면서 언론을 통해 드러난 것이다.

직장 상사가 부하 직원에게 폭언을 하면 조직 문화에 어떤 문제가 생기는지 예를 통해 알아보자. 언어폭력자이자 꼰대인 김 부장은 회사에서 독사로 유명하다. 한 번 물면 놓지 않기 때문이다. 김 부장은 아침부터 김 과장을 불렀다.

|STEP 1|

김 부장이 팀원들 앞에서 김 과장에게 말한다. "김 과장! 이번 프로젝트 말이야. 그렇게 잘난 척하더니 아주 잘 말아드셨어! 당신이 책임지고 회사 나갈 거야? 그런 머리도 일하려고 달고 다니냐?" 면목 없다며 고개를 숙인 김 과장에게 김 부장은 한마디 더 한다. "그러니까 당신이 책임지고 회사 나갈 거냐고? 별거지 같은 게 꼴값을 떨어요." 지켜보던 팀원들 모두 긴장한다. 팀 분위기는 매서운 겨울바람을 맞은 듯 움츠러든다. 김 과장은 '난 누구이고 여긴 어딘가?' 자문한다. 어떻게 하면 빨리 이 상

---

5) ""이 XX야" 자살 내모는 폭언, 고장난 '거울 신경' 탓", 〈서울경제〉, 2016.7.5.

황에서 벗어날 수 있을까 전전긍긍한다. 30분 넘게 폭언에 시달린 김 과장의 머릿속에 '퇴사'라는 단어가 떠오른다.

| STEP 2 |

팀원들 앞에서 김 부장에게 혼이 난 김 과장은 같이 프로젝트를 진행하는 대리급 직원들을 불러 같은 방식으로 폭언한다. 그러고는 퇴근 후 힘내보자며 술 한잔하러 가자고 한다. 한 잔이 두 잔이 되고, 상사의 뒷말을 하며 새벽까지 마신다. 김 과장은 술이 들어가자 조언을 한답시고 상사로 빙의되어 후배들에게 스트레스를 풀기 시작한다. 후배들의 머릿속은 '아~ 집에 가고 싶다'라는 생각만 가득하다.

| STEP 3 |

김 과장과 헤어진 최 대리는 김 과장이 지시한 업무를 오늘밤에 마감해야 한다. 새벽에 멍한 상태로 컴퓨터를 켜 업무를 시작한다. '내가 이러려고 이 회사에 들어왔나?' 하는 생각뿐이다.

| STEP 4 |

김 과장이 나서서 진행한 프로젝트가 또 실패했다. 김 부장은 김 과장을 부른다. "그리 잘난 척하더니 이리 말아먹냐!" 김 부장은 소리친다. 김 과장이 그동안 쌓아온 명성은 바닥으로 완전히 떨어진 듯하다. 김 과장의 경쟁자 박 과장은 이때가 기회다 싶어, 부장의 기분을 풀어준다며 저녁 식사 자리를 마련한다. 지켜보던 팀의 막내 최 대리는 '나는 중간만 해서 욕먹지 않고 살아야겠다'라고 생각한다.

이처럼 직장 안에서의 언어폭력은 개인의 표현과 의견을 제한하며, 원활한 소통을 방해한다. 또한 수직적 소통 방식으로 자리 잡게 된다. 작은 실수나 실패 뒤에 언어폭력이라는 꼬리표가 달린다면, 창의적이고 생산적인 커뮤니케이션을 제한하게 된다. 하지만 아이러니하게도 언어폭력자는 원활한 의사소통을 더욱 강조한다. 그러나 그런 분위기에서 자유롭게 의견을 제안하기는 어렵다. 그러면 언어폭력자는 이렇게 생각한다. '능력 없는 직원들 때문에 너무 힘들다.' 그렇다. 직장 안에서의 폭언은 직원들을 무능력하고 무기력하게 만들기 때문이다. 그래서 언어폭력자 자신이 더욱 힘들어질 수 있다. 순간의 폭언은 잠시나마 언어폭력자가 원하는 방향으로 사람들을 이끌어주지만, 길게 보면 기업에 부정적인 영향을 미친다.

> **"**
> 실적이 안 좋다고 말도 안 좋게 하면 좋아지자고 하는 말이 아닙니다.
> **"**

04 | 말을 왜
그런 식으로 하나요?

언어는 국가, 지역, 가정, 개인의 특성을 반영한다. 언어 특성이 형성되는 데는 역사나 환경의 영향이 크다. 한 번은 중국어를 배우면서 중국인 친구에게 '성조'라는 낯선 언어의 특성에 대해 몇 가지 물어보았다. 그 친구는 중국은 인구가 많아 크고 거칠게 말하는 경향이 있으며, 성조는 단어의 뜻을 구별하는 데 도움이 된다고 했다. 고향이 경상도인 처가 동향 사람들과 통화를 할 때 가끔 싸우는 건가 하고 오해를 했는데, 바다 쪽 사람들의 표현이 더 거칠다는 말을 듣고는 그래서 그렇구나 했다. 언어는 크게는 국가에서 작게는 개인까지 다양한 성향을 내포한다. 언어 성향이 다양하다는 것을 제대로 이해하지 못하면 대화 중인 상대에게 상처를 받을 수 있다. '꼰대', '꼰대질'이라는 단어는 대한민국에서 너무나 유명해 특별한 설명이 필요 없다. 탐사보도 매체 〈뉴스타파〉에서 언급한 꼰대질의 정의는 새겨볼 만하다.

자신의 경험을 일반화해서 남에게 일방적으로 강요하는 것, 이런 걸 속된 말로 '꼰대질'이라고 한다.

이렇게 보면 꼰대는 꼭 나이가 많아야 하는 건 아니다. 정치 성향과 이념 성향이 특정한 쪽에만 꼰대가 있는 것도 아니다. 그렇지 않아도 하루하루 버텨내기 어려운 20대들에게 선배가 되어 줄 자신이 없으면 꼰대질은 하지 않는 게, 현재 20대가 겪는 불안감 가득한 세상을 만든 선배 세대가 갖춰야 할 최소한의 '예의'가 아닐까 싶다.[6]

꼰대는 자신이 살아온 방법과 인생철학이 정답이라고 생각한다. 그래서인지 산업화 시대의 고성장을 바탕으로 노력만 하면 원하는 것을 성취할 수 있었던 세대에게서 꼰대가 많이 배출되었다. 꼰대들의 눈에는 취업하지 못하는 청년들이 불성실하게 보인다. 꼰대짓은 생각이 다른 두 인격 간에 생기는 높은 마찰 지수가 기준이라고 할 수 있다.

그렇다면 왜 꼰대짓과 폭언은 마트의 '1 플러스 1' 상품처럼

---

6) "선배와 꼰대", 〈뉴스타파〉

붙어 있을까? 기성세대가 지나온 시대적 배경을 살펴보면 그들이 왜 폭언을 자주 하는지 알 수 있다.

잠깐, 당신은 기성세대인가? 다음 중 4개 이상의 모습을 봤다면 당신은 기성세대일 가능성이 크다. 그리고 언어폭력에 이미 많이 노출되었을 가능성이 크다.

- 재떨이가 있는 버스 안에서 담배 피우는 모습
- 기차의 칸과 칸 사이에서 신문지를 펴고 앉아 담배 피우는 모습
- 길거리에 쓰레기를 버리거나 방뇨하는 모습
- 학교에서 교사가 학생들에게 욕설을 하거나 체벌하는 모습
- 공무원이 시민의 머리 길이를 단속하는 모습
- 직장 상사가 부하 직원에게 욕설과 폭력을 가하는 모습
- 남성 직원이 여성 직원에게 커피 심부름을 시키거나 성희롱을 하는 모습

앞의 예시를 보고 다소 놀란 사람도 있을 것이다. 기성세대가 살던 시대에는 이런 모습을 흔히 볼 수 있었다. '그때는 맞고 지금은 틀리다'는 말처럼 시대와 상황에 따라 우리의 행동과 규범도 변화한다. 과학기술의 발달로 모든 것이 급변하는 요즘도 꼰대의 생각을 고수하려는 사람들을 볼 수 있다. 고속 성장을 이

뤄내기 위해 "빨리빨리"를 외치며 사용하는 폭언도 과거의 잔재라고 생각한다.

사회적으로 인권이 강조되면서 직장이나 가정 내 폭력은 많이 줄었지만, 폭언에 대한 예방책은 아직 미흡하다. 나 역시 신입사원 때 선배들에게 들었던 회사 분위기와 지금의 분위기가 많이 다름을 느낀다. 한 선배 말에 의하면 1980~1990년대에는 영업 실적이 좋지 않으면 매니저가 재떨이를 던지거나 심한 경우 폭력을 행사하기도 했다고 한다. 그때와 비교하면 많이 개선되었지만, 가정과 회사 그리고 사회적 폭언을 개인이 감내하는 경우는 여전히 많다.

살아온 환경에 의해 나만의 행동과 언어가 형성되는 건 어쩔 수 없다. 다만 그렇게 형성된 언어나 행동 때문에 상대가 싫어하거나, 상대에게 씻지 못할 상처를 주게 된다면 이를 인지하고 멈출 수 있어야 한다. 상황마다 사람마다 '다름'과 '틀림'이 존재한다. 하지만 내가 사용한 언어에 관해 누군가 폭력적이라고 느낀다면, 그건 다른 게 아니라 틀린 것이다.

예전에 어르신들이 해외에 나가면 외국 아이가 이쁘다며 아이의 머리나 몸을 쓰다듬었다. 나라의 분위기와 가치관에 따라 이런 행동은 아동 성폭력으로 고소를 당할 수 있다. 우리의 언어와 행동은 내가 속해 있는 환경의 거울이다. 해외여행 갈 때 국가별 언어 특성과 문화를 사전 공부하듯이, 대화할 때 상대가 경험했던 환경과 언어의 특성을 이해하는 것이 중요하다.

"여기서 일하는 분들은 당신의 자녀 혹은 가족일 수 있습니다. 폭언하지 말아주세요." 최근 마트나 은행, 커피숍에서 자주 보는 문구다. 이런 문구를 볼 때면 사회적으로 언어폭력 문제를 심각하게 인지하고 있다는 생각이 들면서도, 한편으로는 개인 스스로 예방하고 방어하기에는 지금의 사회적 인식이 부족하다는 생각이 든다. 직장 내 괴롭힘 방지법이 발효되었지만, 사각지대는 여전히 존재할 것이다. 스스로 언어폭력을 예방할 수 있는 방법과 교육이 더욱 강화되어야 한다.

> "
> 화성에서 온 남자, 금성에서 온 여자 그리고 각자 다른 행성에서 온 우리. 같은 공간에 있을 땐 언어 가이드북이 필요할지도 모릅니다.
> "

05 | 폭언에 대처하는 우리의 자세

우리는 살면서 폭언을 자주 경험한다. 그렇다면 폭언에 어떻게 대응해야 할까? 여러 가지 문제 상황과 해결 방법이 있겠지만, 간단한 방법부터 알아보자.

우선, 폭언을 무시할 수 있으면 좋다. 또 폭언에 따른 불이익도 없으면 좋다. 하지만 지속적인 폭언을 무시하여 불이익을 당하거나, 정신적으로 힘들지만 주변의 도움을 받기 어렵다면 방법을 찾아야 한다.

지속적인 폭언으로 인해 정신적으로 매우 힘든 상황이라면 치료해줄 전문가를 찾아야 한다. 정신적으로 힘들지는 않더라도, 업무 효율이 떨어진다거나 새로운 대화 방식이 필요한 것 같다면, 이 또한 해결 방법이 필요하다. 이 책에서는 해결 방법으로 '커뮤라이제이션'을 제안한다.

언어폭력을 당하면 우왕좌왕하다 생각지도 않는 말이 입에서 튀어나와 상황이 더 힘들어지기도 한다. 이럴수록 당황하지 말고 현명하게 대처해야 한다. 스트레스를 무조건 견디는 방법은 현명하지 못하다. '역치'는 감각세포에 흥분을 일으킬 수 있는 최소의 자극 크기인데, '문턱 값'이라고도 한다. 언어폭력에도 역치가 존재한다. 언어폭력자는 상대에게 처음부터 센 폭언을 하기도 하지만, 대부분은 상대의 반응을 살피면서 서서히 강도를 높인다. 심한 경우 상대의 반응을 유도하기도 한다. 무조건 참는 건 시한폭탄을 안고 사는 것과 마찬가지다. 언어폭력에 현명하게 대처하자. 언어폭력자를 이해하고 새로운 대화 기술을 익히면 현명하게 대처할 수 있다.

이 책은 다음의 순서로 진행된다. 첫 번째, 언어폭력자의 특징을 알아볼 것이다. 두 번째, 새로운 커뮤니케이션 방법을 익히고 현실에 적용해볼 것이다. 마지막으로 언어폭력에 대처할 수 있는 현명함과 언어폭력자를 용서할 수 있는 담대함을 갖출 것이다.

> **"**
> 마음의 병을 참는다는 건 부메랑을 던지는 것입니다. 당장은 사라진 듯하지만 결국 돌아옵니다.
> **"**

보라카이 해변에 쓰러진 직장인 이야기

대학 때 교환학생으로 캐나다 밴쿠버에 갔었다. 교환학생으로 함께 간 한국 학생들은 캐나다의 삶을 즐기지 못하고 집과 도서관만 오가며 공부했다. 한국인에 대해 잘 아는 현지 교수님은 한국 사람의 성실함을 극찬했다. 교수님은 한국 학생들을 불러 모아 다음 일화를 들려주었다.

필리핀의 아름다운 섬 보라카이로 가족 여행을 갔을 때의 일이다. 호텔에 짐을 풀고 화이트비치로 유명한 해변을 산책하고 있었다. 그러다 해변 한가운데에서 이상한 광경을 목격했다. 두 눈을 의심했다. 정장을 입은 한 남성이 해변 가운데에 대자로 누워 하늘을 바라보고 있었다. 수영복이 아니라 정장을 입은 그 남성의 사면이 궁금해서 다가가 말을 걸었다.

"여기서 뭐 하는 거죠?"

남성은 한국에서 왔다고 자신을 소개했다. 그러고는 이야기를 시작했다. 남성은 한국의 대기업에서 근무하는데 오랜 기간 앞만 보며 일만 했다고 했다. 잦은 야근과 극도의 스트레스 때문에 문득 한국을 떠나고 싶다는 생각이 들어서 퇴근 후 정장을 입은 상태로 평소 가고 싶었던 보라카이행 비행기에 몸을 실었다고 했다. 해변에 도착하자마자 그토록 바라던 해변에 누워 하늘을 바라보던 중이었다는 것이다.

교수님은 남성이 죽을 듯이 성실하게 일하다 문득 숨통이 조여오는 것을 느껴서 탈출한 것 같았다고 했다. 교수님은 삶의 의미에 대해 고민해볼 수 있는 이야기를 해주며 앞만 보고 달리는 경주마가 되지 말라고 말씀해주셨다. 한국 학생들에게 캐나다에 있는 동안 공부만 하지 말고 주변을 바라보는 여유를 가지라고 조언했다.

그 조언 덕분에 나는 한국 학생들과 차를 빌려 로키산맥을 여행했다. 10년이 훨씬 지난 지금도 그때를 추억하면 공부한 내용보다 캐나다의 아름다움과 신선한 공기가 더 생생하게 기억나며 교수님께 감사한 생각이 든다.

보라카이 해변에 누워 있던 한국 남성의 이야기는 많은 메시지를 전해준다. 한국 사람은 성실하기로 유명하다. 그리고 잘 참는다. 차로 비유하면 가속 페달은 있는데 감속 페달은 없는 것과 같다. '브레이크' 없는 삶은 위험하다. 아침을 영어로 'Breakfast'라고 한다. 'break'은 깬다는 뜻이고 'fast'는 금식이라는 뜻이다. 밤새 한 금식을 깨는 것이 바로 'breakfast'다. 밤새 금식했으니 영양분을 보충해야 하루를 시작할 수 있다. 그래서 아침 식사는 소중하다. 우리 삶에도 'breakfast'가 필요하다. 건강하고 행복한 삶을 위해서는 삶의 속도를 조절하는 브레이크가 필요하다.

2장

모르면 당하고 알면
피할 수 있는 언어폭력

1장에서는 언어폭력이 우리 삶에 어떤 영향을 미치는지 알아보았다. 2장에서는 언어폭력의 실체에 대해 좀 더 자세히 알아보려고 한다. 학술적인 개념 정리보다는 개인적인 경험과 관찰을 통해 공감할 수 있는 범위 안에서 정리했다.

01 | 언어폭력이 발생하는 이유

우리는 왜 언어폭력에 관심을 가져야 할까? 가장 근본적인 이유는 언어폭력으로 인한 개인의 피해를 최소화하기 위함이다. 더욱이 그 피해는 때로 개인의 문제로 끝나지 않고, 사회적 손실을 일으키기도 한다. 실제로 '사내 폭언이 기업 실적의 30%를 떨어뜨릴 수 있다'는 미국의 연구 결과도 존재한다. 또한, 우리는 기업 대표의 잘못된 언행이 기업에 어떤 악영향을 끼치는지 언론을 통해 종종 볼 수 있다. 기업 대표의 잘못된 언행은 회사의 실적은 물론 직원들의 생계까지도 위험하게 할 수 있다.

이번 장에서는 언어폭력이 발생하는 배경과 관련 사례를 살펴볼 것이다.

1) 주변 환경의 영향

폭언은 조직의 환경에 따라 다양한 형태로 발생한다. 자녀는 부모의 행동을 보고 자란다. 그래서인지 성인이 되어도 부모의 행동을 무의식중에 따라 하는 경향이 있다. 이러한 특징은 가정뿐 아니라 직장에서도 나타난다.

신입사원은 직장 상사나 멘토의 일하는 방식에 영향을 받는다. 신입사원 때 후배들에게 대접만 받으려 하는 선배가 있었다. 선배는 후배들이 알아서 업무를 처리했으면 했다. 후배들과 술을 마실 때도 헤어질 때쯤엔 꼭 기절을 했다. 후배가 술값은 물론 택시비까지 내야 하는 상황이 반복됐다. 그뿐 아니었다. 후배들이 기대에 못미치면 폭언도 서슴지 않았다. 선배와 후배들 사이의 갈등은 점점 심각해졌다. 견디다 못한 후배들은 그 선배와의 자리를 마련했다. 후배들의 이야기를 듣던 선배가 속마음을 털어놓았다.

"나는 선배들이 원하는 것을 이루기 위해 최선을 다했었어. 그래서 너희들에게 같은 대우를 받고 싶었던 것 같아."

선배가 자신의 선배들의 기대에 못 미쳤을 때는 폭언을 듣기도 했는데, 선배는 이를 더 잘하라는 채찍질로 여겨 더욱 더 노력했다고 했다. 이처럼 대부분은 자신이 경험한 환경에 따라 언어 습관 또한 달라진다.

어느 날 아이와 건널목에서 신호를 기다리고 있었다.

내가 "파란불이다. 가자!"라고 말하자, 아이는 반문했다.

"초록 불인데 왜 파란불이라고 해?"

나는 파란불이 이상하다고 생각해본 적이 없었다. 부모님에게 파란불이라고 듣고 자랐기에, 나 역시 아이에게 거리낌 없이 파란불이라는 말을 사용했다. 그러나 신호등의 색은 정확히 초록색이다. 아무 의심 없이 받아들여 써오던 말이 습관이 되어 아무 생각 없이 아이에게 전해진 것이다.

사람들의 대화를 들어보면 그 조직의 분위기를 쉽게 파악할 수 있다. 대화에 욕설이 자주 오간다거나 불평불만이 가득하다거나 다른 의견이 받아들여지지 않는다면, 그 조직은 서열을 중요시하는 경직된 분위기일 가능성이 크다. 폭언이 허용되는 환경에서는 폭언이 난무할 수밖에 없다.

2) 상사의 리더십 스타일

세상에 다양한 사람이 존재하듯 상사의 스타일도 다양하다. 상사는 자신의 경험을 바탕으로 다양한 스타일의 리더십을 갖춘다. 직원을 움직이게 하려고 폭언을 사용했다 효과를 본 경험이 있다면, 폭언을 자주 사용하는 상사가 되기 쉽다.

제일 힘든 직장 상사의 유형을 고르라는 SNS의 글을 본 적이 있다. 선택지에 있던 직장 상사 유형은 다음과 같았다.

① 똑부: 똑똑한데 부지런한 상사
② 똑게: 똑똑한데 게으른 상사
③ 멍부: 멍청한데 부지런한 상사
④ 멍게: 멍청한데 게으른 상사

많은 수의 직장인이 ③번을 가장 힘든 상사 스타일로 뽑았다. 조직이 나아갈 방향을 제대로 설정하지 못한 채 직원들을 몰아붙이기만 하면 배는 산으로 간다. 모든 상사를 4가지 유형으로 분류할 수는 없지만, 앞의 유형에 폭언을 더하면 어떠한 유형의 상사든 같이 일하기가 무척 힘들 것이다.

지인의 상사는 술자리에서 이렇게 말했다고 한다.

"마른 수건에서 물이 나올 때까지 직원들을 짜야 열심히 일해요."

상사마다 생각이 다르고 가치관이 달라 단정 지을 순 없다. 하지만 위와 같이 생각하는 상사는 사람이 귀한 줄 모를수록, 자신이 중요하게 생각하는 것을 강조하기 위해 소리를 지르거나 욕설을 할 것이다.

달리는 말에게 너무 자주 채찍을 휘두르면, 정작 달려야 할 때 달리지 못한다. 리더십에 대한 생각과 가치관은 상사마다 다를 수 있지만, 언어폭력을 가하는 방식의 리더십은 조직의 생산성을 떨어뜨리는 방아쇠가 된다. 누군가의 말처럼 "이런 방식의 리

더 십이 정답이라면 북한은 초강대국이 되었을 것"이다.

3) 세대 차이

세대 차이는 쉽게 공감할 수 없는 대화를 통해 주로 느낀다. 시대마다 요구하는 사회적 분위기가 있었다. 과거의 인권 의식은 지금보다 낮았다. 상대를 억압하거나 통제하려는 목적으로 언어폭력을 사용하기도 했다. 과거의 영화나 드라마를 보면 격한 말을 내뱉는 등장인물을 어렵지 않게 볼 수 있다. 그 시대에도 언어폭력이 좋지 않다는 건 알고 있었지만, 생계가 우선이었기에 언어폭력이 중요한 화두가 되지는 못했다. 문제라고 생각하면서도 생계를 책임져야 할 의무감 때문에 대수롭지 않게 여겼다.

정년이 연장되어 이제는 젊은 세대들이 부모 연배의 상사와 함께 근무하게 되었다. 부모와 대화하는 것도 어려운데, 부모 연배의 상사와는 오죽할까. 그들 중에는 세대 차이를 극복하기 위해 SNS로 젊은 직원들과 소통하려는 긍정적인 의미의 '아재'도 있고, 말이 전혀 안 통하는 일명 '꼰대'도 있다. 대부분의 꼰대들은 '육하원칙 대화체'를 자주 사용한다.

- WHO: 내가 누군지 알아?
- WHAT: 뭘 안다고 그래?

- WHERE: 어디서 감히?
- WHEN: 내가 왕년엔 말이야.
- HOW: 어떻게 나한테 이래?
- WHY: 내가 그걸 왜 해?

　꼰대들은 후배들을 위한답시고 묻지도 않은 자신의 영웅담을 들려주기도 한다. 그러나 당시의 분위기를 알지 못하는 젊은 직원들은 이야기에 공감하기 힘들다. 소통은 쌍방향이어야 한다. 다양한 지식과 경험을 후배와 공유하려는 의도는 좋다. 하지만 공감을 얻기 어렵거나 한 사람의 일방적 대화는 상대를 힘들게 한다. 말하면서 듣는 사람의 표정과 행동을 유심히 살펴보면 이 대화에 관심이 있는지 알 수 있다. 상사가 말하고 있는데 직원의 반응이 없다면, 공감을 얻지 못한 채 상사 혼자 말하고 있을 가능성이 크다.

　나의 지인은 꼰대라는 소리를 들을까 봐 평소에 후배들과 대화할 때도 매우 조심한다. 그런 지인이 얼마 전 당혹스러운 경험을 했다고 한다. 어느날 후배가 몇 가지 질문을 해 오기에, 선배로서 후배에게 도움이 될 만한 이야기를 여러 각도에서 들려주었다. 그렇게 한참을 듣던 후배가 일어서며 이렇게 이야기했다.

　"선배 지금 꼰대 같아요. 하하."

　지인은 당황했다고 했다. 도움을 주고 싶었을 뿐인데 꼰대라니…. 지인은 후배에게 그 이유를 물었고, 후배는 다음과 같이 대답했다.

"전 한 가지를 물어봤는데, 선배는 지금 연설을 하고 있잖아요."

젊은 사람들에게 꼰대란 자기 경험을 일반화해서 어른 행세를 하는 사람이다. 젊은 사람들은 효율성을 중시하기 때문에, 그들의 질문에는 간결하게 필요한 정보만 답해주는 것이 좋다. 다소 정이 없어 보일지라도 말이다. 언어가 조금씩 진화하듯 사람들이 사용하는 말과 표현 방식도 시대에 따라 변화한다.

대부분의 상사들이 빠르게 변화하는 사회에 적응하기 위해서는 많은 노력을 하면서, 자신과 다른 세대와 소통하기 위해 어릴 때부터 사용하던 단어나 대화 방법을 바꿔보려는 노력은 거의 하지 않는다. 그러나 한 가지 명심할 것이 있다. 과거를 그리워만 하며 변화한 현실에 살지 않다 보면, 어느새 꼰대가 되어 있을 수도 있다.

4) 과시 욕구 또는 스트레스 해소

대부분의 사람에게는 인정욕구가 있다. 어떤 사람은 상대가 자기를 인정하지 않고 알아봐주지 않는다고 느낄 때 과시를 통해 자기 존재를 어필하기도 한다. 그들이 주로 사용하는 표현은 "내가 누군지 알아?"다. 언어폭력을 가해 상대를 제압하는 것이다. 안타깝게도 갑의 위치에 있는 사람이 이렇게 말하면 을은 당할 수밖에 없다.

우리에게는 감정 주머니가 있는데, 다른 사람의 감정을 잠시 담아두는 역할을 한다. 그 크기와 감정이 머무르는 시간은 사람마다 다르다. 누군가가 나에게 화를 내면 상대의 감정이 내 감정 주머니에 고스란히 담긴다. 이성적으로 판단해 흘려들으려고 해도 감정 주머니를 닫아두기란 쉽지 않다. 반대로 나를 인정하고 칭찬해주면 좋은 감정이 담긴다. 그렇기 때문 자신을 과시하거나 스트레스를 풀 목적으로 언어폭력을 가하면, 상대에게 나쁜 감정이 그대로 전달될 수밖에 없다.

이러한 언어폭력이 사회를 어떻게 병들게 하는지 다음의 이야기를 통해 살펴보자.

민수는 치킨집에서 배달 아르바이트를 한다. 오늘따라 배달이 많아 동네에서 성격 더럽기로 유명한 김 사장 집에 늦게 도착했다. 김 사장은 민수를 보자마자 욕을 해댔다.

"이 XX야! 지금이 몇 시인데 이제 와? 그러니까 배달 일이나 하지."

민수는 어이가 없었다. 늦어서 죄송하다고 사과하려고 했다. 그러나 욕을 먹으니 죄송은커녕 화가 났다. 민수는 퇴근 후에도 김 사장이 한 욕이 머릿속에 맴돌아 너무 괴로웠다. 집에 도착한 민수는 아버지에게 화풀이를 했다.

"진짜 지긋지긋하다. 남들은 좋은 아파트에서 사는데, 우리는 맨날 이사만 다니고…. 이런 집에 사는 거 지겹다, 지겨워!"

민수 아버지는 아들의 말에 상처를 받았지만, 아무 말도 할 수 없었다. 사업 실패로 가세가 기운 것이 미안할 뿐이다. 민수 아버지는 동네 슈퍼마켓에서 소주 한 병을 사서 쓰린 마음을 달랬다. 그날 밤 민수 아버지는 늦게 퇴근한 민수 어머니에게 왜 늦게 다니느냐며 짜증을 냈다. 싸우는 소리가 듣기 싫었던 민수는 결국 집을 나가 밤거리를 배회했다.

'오늘 누구라도 건드리기만 해봐. 가만두지 않겠어.'

이처럼 한 사람의 폭언은 직장에서 가정으로, 사회로 퍼져 나가기도 한다. 그리고 그것이 한 국가에 엄청난 나비효과를 불러일으킬 수도 있다. 지금 대한민국의 스트레스 지수가 높다. 보복 운전, 묻지 마 살인, 자살 등이 새로운 사회문제로 떠오르고 있다. 폭언을 단순히 나를 알리기 위한 과시나 스트레스를 풀기 위한 도구로 사용하기엔 사회에 미칠 악영향이 크다는 것을 기억해야 한다.

> **"**
>
> 우리의 언어가 눈에 보였다면 어땠을까 상상해봅니다.
> 누군가의 말엔 꽃이 달렸을 것이고,
> 누군가의 말엔 칼날이 달렸겠지요.
>
> **"**

예상치 못한 상황에서 언어폭력을 당하면 할 말을 잃게 된다. 논리적이지 못하거나 생각이 없어서가 아니다. 나 역시 언어폭력을 당한 뒤 '아 이렇게 얘기했어야 하는데…'라고 생각했던 적이 한두 번이 아니었다. 폭언의 부당함을 그 자리에서 지적하지 못해 괴로워하던 어느 날, 흥미로운 실험 하나를 보았다. EBS 프로그램인 〈지식채널 e〉의 "욕의 반격" 속 실험이었다. 이 실험에서는 나무, 사람, 사랑, 책상, 소비자, 분노, 개XX, 미친X, 컴퓨터, 커피숍 등 12개의 단어를 학생들에게 들려주는데, 학생들은 단어를 듣고 차례로 기억해야 한다. 12개의 단어에는 긍정단어, 부정단어, 금기어, 중립단어 등이 섞여 있다. 실험 결과 부정단어나 금기어를 들려주면, 그 앞 단어는 잘 기억하지 못했다.

실험 참가자들은 단어를 잘 기억하며 듣다가 욕이 나오는 순간 당황해서 앞 단어를 잊게 된다고 답했다. 부정단어나 금기어는 다른 단어에 비해 4배나 더 잘 기억되며, 분노, 공포 등을 느끼게 하는 '감정의 뇌'를 강하게 자극하여 이성적인 활동을 막는다. 욕설을 듣는 순간 '통제력을 잃어버리는 이성의 뇌' 그리고 '상처받는 뇌'가 되가 되는 것이다.

이 영상에 달린 댓글 중에 인상적인 것이 있었다. 직장에서 받는 스트레스를 이야기할 때 한국 직장인들은 직장 업무 자체보다는 상사나 동료와의 관계를 주로 말하는 데 반해, 외국인들은 업무 자체 즉 일의 강도에 관해 주로 말한다고 했다. 한국에서는 사람을 통제하고 다스려야 일이 제대로 돌아간다고 생각하는 경향이 있는 것 같고, 외국에서는 일에 시스템적으로 접근하기 때문에 업무의 효율성을 중요시하는 경향이 있는 것 같다고 덧붙였다. 실험과 댓글 만으로 일반화할 수는 없지만, 직장 내 언어폭력이 여전히 존재한다는 사실은 직장 내 인간관계를 고민하게 하는 중요한 요인으로 작용하기도 할 것이다. 폭언을 들으면 머릿속으로 생각했던 논리적인 말과 표현이 날아가버려, 이성의 뇌가 아닌 감정의 뇌가 된다. 논리적으로 상대에게 자신의 생각을 전달해야 할 순간에 능력의 제한을 받게 되는 것이다. 이를 잘 아는 언어폭력자는 욕설로 상대를 당황하게 해 상대의 실수를 유도하기도 한다.

EBS에서 "분노의 침전물"이라는 영상을 통해 또 다른 실험 하나를 보았다. 일상적인 언어로 말을 할 때 침전물은 무색이다. 하지만 '사랑한다'는 말을 할 때는 분홍색으로, 화를 내며 욕을 할 때는 갈색으로 침전물의 색이 변하였다. 쥐에게 이 갈색 침 전물을 주사하자, 쥐는 죽었다. 부정적인 표현의 결과물인 갈색 침전물이 한 생명을 죽인 것이다. 기억하자. 욕은 단순히 욕으 로 끝나는 것이 아닌 상대의 '건강할 권리'를 침해하는 것이며, 생명을 위태롭게 만들 수도 있다.

여러 실험의 결과가 보여주듯 언어폭력으로 인해 2차, 3차로 증폭되는 피해는 우리가 모두 감수해야 하는 사회적 손실이다.

> "
>
> 아무리 작은 도미노 조각도 그 수가 많아지면 빌딩 크기의 도 미노를 넘어뜨릴 수 있습니다. 오늘도 작은 언어폭력의 도미 노가 무수히 넘어지고 있습니다.
>
> "

언어폭력의 비밀 기술

직장내 언어폭력의 유형을 살펴보면 비꼬는 말, 인격 모독, 무시, 욕설 등으로 조사되었다.[7] 이번 꼭지에서는 그것을 기반으로 언어폭력자가 자주 사용하는 필살기 5가지를 살펴보자. 필살기란 상대를 제압하는 강한 기술을 의미한다.

우리는 왜 언어폭력자의 필살기를 알아야 할까? 폭언하는 고객과 직장 상사의 행동을 바꾸기는 어렵다. 그렇다면 언어폭력자의 필살기를 익혀 그들을 제압하는 동시에 자신을 방어하는 것이 손쉬운 해결책이 될 수도 있다.

겨울이 되면 독감을 예방하기 위해 백신을 접종한다. 백신의

---

7) "직장인 63%, 언어폭력 경험했다.", 〈연합뉴스〉

원리는 항원(병원균)을 우리 몸에 주입하여 같은 병원균이 몸에 들어왔을 때 견뎌낼 수 있는 항체를 만드는 것이다. 언어폭력자의 필살기를 알아두는 것은 예방접종과 같다. 언어폭력자의 필살기라는 항원을 이론으로 정리해 머릿속에 넣어두면, 언어폭력을 견뎌낼 수 있는 항체를 만들 수 있게 된다. 이제 언어폭력자들이 어떤 식으로 사람들을 괴롭히는지 알아보자.

1) 왜곡하기

목적: 의도하지 않는 내용을 사실인 것처럼 왜곡하여 상대를 당황스럽게 한다.

예) "박 과장. 이번 발표, 나 엿 먹이려고 그런 거야? 그따위로 발표했다는 건 내 밑에서 일하기 싫단 뜻으로 받아들이면 되나?"

2) 비교하기

목적: 타인과 비교하여 개인이 가진 가치를 평가절하한다.

예) "김 대리, 3팀 이 대리 좀 봐. 지난달 성장률이 100%야. 둘이 동기 아냐? 둘 중 한 명은 잘못 뽑은 거야 뭐야?"

3) 망신 주기

목적: 다른 사람들 앞에서 큰소리로 창피하게 만들어 자기 힘

을 과시한다.

예) "당신이 누구 때문에 월급 받는데, 이따위로 행동해? 내일부터 길거리로 나가볼래?"

4) 폄하하기

목적: 의도적으로 상대의 역량과 가치를 평가절하하여 자신의 지위나 권력을 과시한다.

예) "이 프로젝트는 당신이 아니었어도 성공할 프로젝트였어. 알기나 해?"

5) 말꼬리 잡기

목적: 핵심을 논하기보다 부수적인 표현이나 태도를 지적하여 상대를 공격한다.

예) 김 부장: 자네, 보고서에 긍정적이라는 단어를 썼는데, 계약 성사 안 되면 자네가 책임질 수 있나?

박 과장: 부장님, 현재 계약 여부를 확정 지을 수 없지만, 외국 바이어의 피드백은 매우 긍정적이어서 미팅 내용을 우선 공유해 드렸습니다.

김 부장: 그러니까, 긍정적이니까 계약이 된단 말이잖아! 안 되면 당신이 책임지고 회사 나갈 거냐고? 그 정도 배짱도 없어?

박 과장: 죄송합니다, 부장님. 꼭 성사될 수 있게 최선을 다하

겠습니다.

김 부장: 마음대로 하셔. 자기 말엔 자기가 책임져야지!

그 밖에도 많은 종류의 폭언 필살기가 존재하지만, 이 5가지만 기억하고 대응하더라도 많은 부분에서 정신적 충격을 줄일 수 있다.

대기업에 근무하는 지인에게 5가지 필살기를 주로 사용하는 상사와 근무했던 이야기를 들은 적이 있다. 상사에게 처음 폭언을 들었을 때는 본인이 많이 부족하다는 생각으로 일을 더 열심히 했다고 했다. 그러다 어느 순간부터는 언어폭력을 듣고 싶지 않아서 노력했다고 했다. 모든 노력이 좋은 결과로 이어지는 건 아니었다. 결국 업무가 아닌 언어폭력으로 인한 스트레스로 건강이 나빠졌다고 했다. 지인의 한 동료는 상사의 폭언으로 우울증이 심해졌지만, 책임져야 할 가족이 있기에 힘들다는 내색도 하지 못했다고 했다.

그 언어폭력 상사는 공포 정치의 효과를 알고 있어 사람들 앞에서 직원을 1명씩 골라서 깎아내리거나 망신을 주었다고 했다. 그래서 직원들은 희생양이 되지 않기 위해 눈치를 보며 그에게 잘 보이려 했다고 한다. 결국, 언어폭력자 한 사람이 조직의 자유로운 커뮤니케이션을 방해함은 물론, 누군가의 비위를 맞추기 위해 일하는 조직 문화를 만들고 만 셈이다.

Tip 꼰대 선배가 신입사원 괴롭히는 기술

1) 업무 기술 가르쳐주지 않기

꼰대 선배는 후배를 길들이기 위해 일부러 업무를 가르쳐주지 않는다. 신입사원이 실수를 하거나 문제를 크게 만들기를 기다렸다가 다그치는 것이다. "나 아니었으면 후배님은 벌써 회사 나갔어요." "이런 것도 모르는데 어떻게 취업한 거야?"

군필 남성이라면 선임병에게 한 번쯤 들어봤을 말이 있다. 훈련소를 거처 자대에 배치되면 선임병은 후임병을 골탕 먹이기 위해 이런 농담을 한다. "신병! 너 총 사 왔어?" 신병은 당황한다. "죄송합니다. 안 사 왔습니다!" 선임은 큰일 났다는 듯 농담을 한다. "빨리 PX(부대 내 매점) 가서 총하고 총알 사 와!"

선임들은 당황하는 신병을 보며 재밌어한다. 가벼운 장난은 좋은 추억으로 남을 수 있겠지만, 전쟁이 났는데 총이 어디에 있는지 가르쳐주지 않는다면 신병은 죽은 목숨이나 다름없다. 직장이 전쟁터라면 업무 기술은 곧 생존 기술이다.

2) 따돌리기

얼마 전 직장 내 따돌림 문제가 뉴스에 방영된 적이 있다. 학생들에게나 왕따 문화가 있다고 생각했는데, 직장 내에도 따돌림 문화가 존재한다는 것이다. 나만 모르는 단체 채팅방이 존재한다든지, 나를 빼고 회식을 한다면 매우 당혹스러울 것이다. 이처럼 직장 내 따돌림 문화는 지능형인 경우가 많다. 직장 내 따돌림은 학교 다닐 때처럼 부모님이나 선생님에게 말해 해결할 수도 없다. 이러한 고충을 솔직하게 털어놓기 쉽지 않아 이직을 하기도 한다.

K 회사의 신입사원 박은 열심히 일하려는 자세로 팀 내 새로운 아이디어와 힘든 일을 도맡아 했다. 그러나 박이 칭찬을 받을수록 선배들은 큰 마음으로 품기보다 질투와 시기로 박을 괴롭혔다. 박에게는 무시하는 투나 시비를 거는 듯한 투로 말했다. 단체 채팅방에서도 박의 말에는 아무도 반응하지 않았다. 웃고 떠들던 대화는 늘 박의 한마디로 끝이 났다. 박은 선배들에게 다가가기 위해 많은 노력을 했지만, 분위기는 달라지지 않았다. 박은 결국 이직을 선택했다. 이 문제를 단순히 박이 팀원들에게 적응하지 못해서 발생한 일이라거나 직장에서 너무 튀게 행동해서 발생한 일이라고 단정 지을 수도 있다. 하지만 이러한 조직 문화는 한 사람의 잠재력뿐만 아니라 직장의 생산성을 낮추는 계기가 되기도 한다.

3) 잡일시키기

박 과장은 신입사원이 마음에 들지 않는다. 김 대리를 불러 신입사원 교육을 다시 하라고 혼을 낸다. 김 대리는 신입사원을 불러 회사 문화에 대해 교육한다. 신입사원은 김 대리가 말하는 회사 문화가 김 대리만의 문화인지 회사 전체의 문화인지 알 수 없었지만, 잘해야 한다는 생각에 경청한다. 신입사원은 선배들이 움직이기 전에 모든 잡일을 해놔야 한다. 근무 시간에 복사용지 채워놓기, 커피 찌꺼기 버리기, 책상 정리하기 등은 물론 회식 때 고기 굽기, 냅킨 깔고 수저 놓기. 선배들의 빈 술잔 채우기, 회식 후에 택시 잡기, 대리 부르기 등 회사 업무보다 잡일이 더 버겁게 느껴질 정도다.

이 또한 회사 문화이며, 신입사원으로서 당연히 거쳐야 할 과정이라고 생각하는 사람도 있을 것이다. 잡일을 얼마나 잘 하느냐가 직원을 평가하는 기준이 되기도 한다. 이런 조직에서 근무하는 신입사원일수록 스트레스를 많이 받을 확률이 높다.

최근 조사에 따르면 중소기업의 신입사원 이직률이 높다고 한다. 임금을 적게 주고 불필요한 잡일을 많이 시킨다면 직원들의 만족도는 매우 떨어질 것이다. 한 언론에서는 중소기업의 이직률이 높은 이유 중 하나로 전문성을 키우기 어렵다는 점을 지적하였다. 중소기업일수록 회사 업무와 잡일을 구분하여 업무에 집중할 수 있는 환경을 만들어주는 게 중요하다.

> 잡일은 업무와 관련된 진짜 잡일(job work)이 되어야 합니다.

4) 프레임 씌우기

'프레임을 씌운다'는 표현은 정치 기사를 통해 많이 접한다. 더불어 이는 직장에서 괴롭힘의 한 방법으로 자주 볼 수 있는 기술이다. 너는 "~하다"라고 정의를 내린 뒤, 대중이나 동료에게 그 이미지를 인식시켜 고통을 준다. 예를 들어 "이기적이다", "예의를 모른다", "게으르다", "무능력하다" 등의 말로 부정적인 이미지를 만드는 것이다.

사람의 가치에는 절대적인 것도 있고 상대적인 것도 있다. 사람의 목숨은 비교 대상이 될 수 없는 절대적 가치다. 하지만 사람의 능력이나 평가는 상대적인 기준에 영향을 받는다. 그러므로 상사나 동료의 기준은 변화무쌍한 상대적 기준이 될 수 있다. 그렇기에 그 평가에 크게 흔들릴 필요는 없다. 선배에게 이기적이라는 평가를 들었다면, 당신은 '나는 선배가 경험했던 사람들보다 조금 더 개인적인 성향을 띄는구나'라고 생각하면 된다. 새로운 환경과 기준을 계속해서 마주하다 보면, 이기적이라는 평가를 들을 수도 있다. 그 말에 상처받을 필요도 없고, 그런 평가를 듣지 않기 위해 나 자신을 희생시키지 않아도 된다.

> **"**
> 무술에서는 방어하기 위해 공격을 배우기도 합니다.
> 공격하는 방법을 알아야 방어를 할 수 있기 때문입니다.
> **"**

04 | 언어폭력의 핵심 메시지

 세상에는 많은 관리자가 존재한다. 그들은 다양한 경험과 놀라운 실력으로 그 자리에 올랐다. 그런데 뛰어난 업무 능력을 갖춘 사람이 왜 주변 사람들에게 언어폭력을 가할까?

 언어폭력이 쉽고 효과적이라고 믿기 때문은 아닐까? 말할 때 소리를 지르는 사람은 그래야 상대가 귀를 기울인다고 생각하기 때문에 그렇게 한다. 상대를 헐뜯고 무시하는 사람은 그래야 상대가 자기의 말을 잘 들을 거라고 판단하기 때문에 그렇게 한다.

 관리자의 리더십이나 소통 방식은 사람 수만큼이나 다양하다. 논리적인 소통, 감성적인 소통, 권위적인 소통 등 다양한 소통 방식을 사용할 수도 있다. 언어폭력을 가하는 방식으로 강조하는 바를 전달하려는 관리자가 있다면, 폭언 그대로를 받아들이기보다 그 속에 담긴 핵심 메시지를 찾아 듣는 것이 본인의 정신 건강에 더 좋을 것이다. 여기서 말하는 핵심 메시지란 폭언 안에 숨은, 꼭 전달하고자 하는 메시지다. 언어폭력자와 일하며 스트레스를 덜 받으려면 이 메시지만 걸러 듣는 연습을 해야 한다.

다음은 직장인들 사이에서 인기를 누렸던 드라마 〈미생〉의 한 장면이다. 이 장면에서 박 부장은 여성 직원에게 언어폭력을 가한다. 박 부장은 여성 직원이 해외에 있는 주재원과 소통하지 않아서 생긴 실수를 훈계한다. 그 와중에 핵심 메시지를 강조하기 위해 폭언을 사용한다. 두 사람의 대화를 핵심 메시지와 언어폭력자의 필살기로 나눠보자.

- 핵심 메시지

일을 진행할 때 주재원들과 소통하라.

- 망신 주기

"야, 단화 안 신어? 대답 안 해? (여성 직원의 이마를 툭툭 치면서) 내가 네 서류보다 귀국하는 비행기에서 뛰어내릴 뻔했어!"

- 왜곡하기

"이것들이 미쳤나? 소꿉장난하는 거야?"

– 말꼬리 잡기

여성 직원: 과장님께 부탁드렸습니다.

박 부장: 과장이 비서야?

박 부장은 핵심 메시지인 '일을 진행할 때 주재원들과 소통하라'를 강조하기 위해 '망신 주기', '왜곡하기', '말꼬리 잡기'라는 3가지 필살기를 사용했다. 언어폭력을 당하는 상황에서 상대의 부정적 표현에만 집중하면 어떻게 될까? 감정에 치우쳐 정신 에너지를 많이 소모하게 된다. 하지만 중요한 문제는 따로 있다. 핵심 메시지를 잘 파악하지 못하면 같은 실수가 반복되어 능력 없는 직원으로 낙인찍힐 수 있다는 점이다.

대학에서 커뮤니케이션 특강을 했을 때의 일이다. 학생들을 폭언을 하는 그룹과 폭언을 듣고 핵심 메시지를 찾는 그룹으로 나눠 역할극을 진행했다. 폭언하는 그룹은 폭언하기 전에 전달하고자 하는 핵심 메시지를 메모지에 적어놓고 변경하지 못하게 했다. 역할극을 마치고 핵심 메시지를 확인하는 시간을 가졌다. 10팀 중 2팀의 듣는 사람이 핵심 메시지를 잘못 파악했다. 원인은 2가지다. 말하는 사람이 폭언 자체에 너무 많은 에너지를 쏟아 핵심 메시지를 잘 전달하지 못했거나, 듣는 사람이 폭언을 감정적으로만 듣다 핵심 메시지를 놓친 것이다. 두 학생은 핵심 메시지를 찾는 것을 안개 속에서 하얀 풍선을 찾는 것처럼 느낀 것 같다. 그들이 취업하여 폭언하는 상사를 만나 전달하고자 하는 메시지를 찾지 못하는 상황을 접할까 우려되었다.

폭언에 포함된 욕설이나 표현에 집중하다 보면 일이나 학습 능률은 떨어진다. 폭언하는 사람의 표현과 태도에 집착하여 내 에너지를 낭비하기보다, 그가 전달하고자 하는 핵심 메시지를 잘 뽑아내는 것이 중요하다.

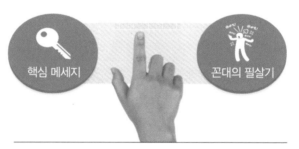

필터링 과정이 없으면, 자칫 핵심 메시지보다 꼰대의 필살기에 집중하기 쉽습니다. 이는 업무 능력 저하는 물론 당신의 멘탈을 해칠 수 있습니다.

"
길에서 모르는 사람이 저에게 욕을 했습니다. 순간 기분이 상했습니다. 그러나 곧 그가 통화 중이라는 걸 알았습니다.
기분은 주는 걸까요, 받는 걸까요?
"

05 | 쓴소리가 아니라 쓴소리하는 방식이 문제

지인의 회사에는 '울버린'이라 불리는 매니저가 있다. 울버린은 영화 〈엑스맨(X-Man)〉에 등장하는 주인공인데, 양손에 달린 날카로운 칼날로 적을 인정사정없이 베어버린다. 그 매니저 또한 칼날같이 날카로운 논리와 표현으로 직원들을 훈계해, 그를 만난 직원은 반드시 한 번은 운다고 하여 '울버린'이라는 별명이 붙은 것이다.

직원들은 울버린 매니저와 대화할 때 긴장부터 한다. 그러나 대화 중에 날카로운 논리와 예리한 지적, 무시무시한 표현이 난무하는데도 울버린과 같이 근무한 직원들의 피드백은 대체로 긍정적이다.

"그분께 혼날 때는 울고 싶기도 하고 화도 나고 분하기도 하지만, 혼자 있는 시간에 대화한 것들을 돌아보면 다 옳은 말이더라고요. 그분이 제시해주는 명확한 방향은 성장하는 데 도움이 많이 됐습니다."

그 이야기를 들은 이후, 날카로운 표현으로 다른 사람에게 상처를 주기도 하지만, 결과적으로는 그 사람이 성장하게 되는 예외적인 경우를 '울버린 효과'라고 이름 붙였다. 표현의 강도가 다소 지나치더라도 성장할 수 있는 방향을 제시하고, 감정적이 아닌 이성적으로 문제점을 지적하는 울버린 같은 상사를 만나는 건 오히려 행운일 수도 있다. 쓴소리가 아니라 쓴소리하는 방식이 문제인 것이다.

영화 〈위플래쉬〉에서 연습생 앤드루는 최고의 드러머가 되기 위해 플렛처 교수의 광적 교수법을 극복한다. 플렛처 교수의 채찍질에도 손에 피를 흘리고 눈물을 닦아가며 드럼 연습을 한 앤드루는 결국 자신의 한계를 극복하고 플렛처 교수에서 인정받는다. 하지만 쓴소리를 하는 방법이 잘못된 교수법은 그 둘의 관계를 갈라놓았다. 플렛처 교수의 음악에 대한 열정은 이해하지만 학생에게 언어폭력을 가하는 장면은 아직도 충격으로 남았다.

자기 분야에서 한계를 극복하기 위해 모든 열정을 다할 기회를 얻는 것은 매우 중요하다. 하지만 회사나 일이 싫어 떠나는 경우만큼이나 함께 일하는 사람이 싫어 떠나는 경우도 많다. 함께 일하는 사람이 언어폭력자라면 더 힘들다.

언어폭력자에게서 무의미한 폭언과 괴롭힘을 당하면서도 경력을 위해 참고 있다면, 그 환경에서 벗어나는 것을 적극적으로 고민해보기 바란다. 인생의 성공을 위해 한계를 극복해볼 기회를 잃어버릴지도 모르기 때문이다.

언어폭력을 안듣겠단 의미는 쓴소리를 안듣겠단 말이 아니다. 개인이 꿈꾸는 목적을 이루기 위해 전문가의 쓴소리를 들을 수 있다. 하지만 중요한 것은 쓴소리가 문제가 아니라 쓴소리 하는 방식이다. 쓴소리가 몸에 좋은것을 알지만 과하면 독약을 주는 것과 다를바가 없다. 상대가 진심으로 잘되길 바라면 쓴소리도 보약같이 상대의 체질에 맞게 잘 처방되어야 한다.

> **"**
> 성공 여부를 떠나 목표를 향해 열정을 다할 기회를 얻는 것은 매우 중요합니다. 그러나 쓴소리가 싫어서 인정받기 위한 열정은 당신을 번아웃시킬 겁니다.
> **"**

06 | 멸종하지 않는 언어폭력

바퀴벌레는 공기 중에 수분만 있어도 생존할 수 있다고 한다. 언어폭력도 사람이 존재하는 한 없어지지 않을 것이다. 그 이유는 2가지다. 하나는 언어폭력이 여전히 효과적이라고 믿기 때문이고, 또 다른 이유는 사회적으로 언어폭력을 적극적으로 규제하기 어렵기 때문이다. 그렇다면 언어폭력자들이 직장 내에서 언어폭력이 효과적으로 사용된다고 믿는 4가지 경우를 살펴보자.

1) 공포심 유발을 위한 언어폭력

교육 전문가나 심리학자는 사람들 앞에서 어린아이를 훈계하지 말라고 충고한다. 아이의 자존감과 자존심에 상처를 낼 수 있기 때문이다. 공개 처형의 목적은 말 그대로 본보기로 처형함으로써 당사자에게 씻을 수 없는 상처를 주고, 구경하는 사람들에게는 공포감을 주는 것이다. 권력을 유지하는 데는 독재가 가장 효과적일지 모르나, 경쟁력을 강화해야 하는 기업에서는 큰 효과를 보기 어렵다. 억압된 분위기가 조성되면 사람들의 몸과 마음은 긴장한다. 희생양이 되지 않기 위해 눈치 보기에만 몰두하느라, 열심히 일할 생각은 하지 못한다.

나의 학창 시절(1990년대)에는 교사의 언어폭력과 체벌이 종종 있었다. 어느 날 자율학습 시간에 생긴 일이었다. 한 학생이 딴짓을 했다는 이유로 담임선생님은 반 친구들이 다 보는 앞에서 출석부로 학생의 머리를 때렸다. 그러고도 분이 안 풀렸는지 온 힘을 다해 학생의 뺨을 때렸다. 그 모습을 지켜보던 친구들은 공부를 열심히 해야겠다고 생각한 것이 아니라, 자율학습 시간에 딴짓하면 안 되겠다고 생각했다. 딴짓을 못 하게 하는 데는 체벌이 효과적이었다. 그것이 체벌의 목적이었는지도 모르겠다. 하지만 답이 폭력뿐이었을까?

당시 그 친구는 패션디자인에 관심이 많아 자율학습 시간에 패션 잡지를 틈틈이 봤다. 20여 년이 지난 지금, 그 친구는 유명한 패션디자이너가 되어 부와 명성을 누리는 중이다. 자율학습 시간에 딴짓을 한 건 잘못이지만, 그때 담임선생님이 관심과 사랑으로 그 친구를 품었더라면, 폭언과 폭력으로 기억되는 선생님이 아닌, 성공한 사회인의 앞길을 열어준 고마운 선생님으로 기억될 수도 있었을 것이다.

언어폭력에 노출되면 심리가 위축된다. 언어폭력 상사들의 폭언은 직원들의 마음에 공포심이 가득 차게 한다. 부정적 생각은 바이러스와 같아서 가까운 동료에게까지 공포심이 전염된다. 그래서 언어폭력자는 이 방법이 효과적이라고 생각해 폭언을 사용하는 것이다.

2) 가족 같아서 하는 언어폭력

직장 생활을 하다 보면, "자식 같아서", "동생 같아서"라는 말을 종종 듣게 된다. 가족같이 여겨 위해주는 것은 고맙지만, 오남용하는 경우도 많아 문제다.

K 회사의 김 부장은 오늘따라 집에 가기가 싫다. 저녁에 술 한잔할 사람이 필요하던 차에 지나가던 박 과장이 눈에 들어온다. 김 부장은 과장에게 집에 가기 싫다고 하면 모양새가 안 살 것 같아 "오늘 바쁘지 않으면 꼭 해주고 싶은 이야기가 있다"며 저녁을 먹자고 했다. 박 과장은 피곤했지만 거절하기 어려웠다. 술자리에서 김 부장은 박 과장에게 회사에서의 목표가 무엇인지, 생활하며 힘든 건 없는지 물어봤다. 만취한 김 부장은 욕을 섞어가며 조언을 이어갔다.

"나 때는 말이야. 상사 말만 잘 들으면 성공했어. 앞으로 내 말만 잘 들어! 내가 키워줄게."

박 과장은 계속되는 김 부장의 욕설이 부담스럽고 힘들었다. 자정이 지나자 김 부장은 미안한지 다음과 같이 말했다.

"정말 내 자식 같아서 해준 말이야. 박 과장이 잘되면 좋겠어. 수업료는 안 받을게. 대신 술값은 네가 내라. 하하."

이렇게 박 과장은 김 부장의 욕설과 얼마 되지 않는 월급의 일부를 교환했다. 자식 같다는 이유로 언어폭력이나 성추행, 직장 내 괴롭힘이 정당화될 수는 없다.

이건 한 후배의 이야기다. 이 친구는 어릴 때부터 부모님의 헌신과 사랑을 받고 자랐다. 그래서인지 표정도 밝고 성격도 좋아 주변에 사람이 많았다. 고등학교 때는 항상 반장을 할 만큼 교우 관계도 좋았다. 그러던 중 자신을 예뻐하던 선생님으로부터 체벌을 받게 되었다. 태어나 처음으로 누군가에게 신체적 폭력을 당한 것이다. 그로 인한 상처와 충격은 후배뿐만 아니라 그녀의 아버지 역시 컸다. 그녀를 체벌이 아닌 대화와 사랑으로 키웠기 때문이다. 가족 같아서 내 가족같이 대해서는 안 된다. 우리는 각자 다른 환경에서 자랐기 때문이다.

3) 생존을 위한 언어폭력

언어폭력자가 폭언을 사용하는 목적 중 하나는 '생존'이다. 기업에서 살아남기 위해 폭언으로 경쟁력을 확보하는 것이다.

경쟁력을 확보하려면 상대보다 잘하는 것이 중요하다. 직원 능력이 1부터 10이라고 할 때 내 능력이 6이라고 가정해보자. 내가 생존할 수 있는 방법은 2가지다. 내가 10이 되거나 다른 사람이 6을 넘지 못하게 하는 것이다. 언어폭력자 중에는 두 번째 방법을 선택해서 상대가 잠재력을 펼칠 기회를 앗아버리곤 한다. 모든 면에서 비하하고 언어폭력으로 움츠러들게 하면 상대는 성장하지 못하게 된다.

H 회사의 최 과장은 최근 김 대리가 신경 쓰인다. 김 대리는 보고서 작성, PT 발표, 외국어 능력 등 다양한 분야에서 인정받고 있다.

최 과장이 보기에 최근 김 대리의 고개가 뻣뻣해진 것 같다. 말투도 마음에 안 든다. 최 과장은 선배에게 물려받은 언어폭력 필살기를 김 대리에게 사용하려고 한다. 이름하여 '침소봉대 필살기'. 말 그대로 바늘만 한 것을 몽둥이처럼 부풀리는 기술이다.

최 과장은 김 대리에게 이번 프로젝트 보고서를 가져오라고 한다. 보고서를 꼼꼼히 살펴본 최 과장은 역시나 김 대리의 기획서에 감탄한다. 이 프로젝트가 성공하면 자신의 자리가 위험해질 수 있겠다는 생각이 들었다. 그때 보고서의 오타가 하나가 눈에 들어왔다. 그것은 최근 회사에서 중요하게 생각하는 가치, 곧 꼼꼼함과 관련된 실수였다. 팀 미팅에서 최 과장은 부장과 다른 직원들에게 다음과 같이 이야기했다.

"최근 직원들의 작은 실수가 회사에 큰 손해를 입혔습니다. 몇 번이나 강조해도 오늘 같은 실수가 반복되고 있습니다."

최 과장은 결국 김 대리의 오타를 지적했다. 앞으로 이런 식의 보고서는 바로 폐기 처분할 테니 주의하라고 경고까지 했다. 김 대리는 이런 생각이 든다.

'오타야 내 실수지만, 팀 미팅에서 발견했으니 사장님 보고 전에 수정하면 되는데, 이번 프로젝트의 아이디어와 실행 계획에 대한 피드백은 없고, 오타 하나로 내 성과가 사라지는 건가?' 조직 내에는 다른 사람을 평가하고 비판하는 것으로 살아남으려는 사람들이 있다. 적극적인 의견 제시와 행동은 뒷전에 두고, 다른 사람의 업무 100% 중 1%의 단점을 지적해 99%의 보석을 사라지게 하는 것이다. 언어폭력이란 욕설과 인격 모독적 표현뿐 아니라 상대의 가치를 평가절하하는 표현도 포함된다는 사실을 명심하자.

4) 명분을 위한 언어폭력

명분이란 신분상으로나 도덕상으로 반드시 지켜야 할 도리를 뜻한다. 예전에는 명분이 전쟁의 구실이 되기도 했다. 명분은 한 조직의 시대적 흐름과 환경을 정당화할 수 있는 큰 틀이다. 같은 실수라 해도 어떤 명분이 더해지느냐에 따라 다른 결과를 가져올 수 있다.

A 기업은 매년 위기라고 외친다. 직원들은 매년 위기라 외치는 회사 때문에 위기가 위기로 느껴지지 않는다. 진짜 위기가 찾아왔을 때 대응하지 못하는 실수를 범할 수 있는데도 말이다. 그러던 어느 날 실제로 영업부의 실적이 떨어지기 시작했다. 임원진과 팀장은 긴장했다. 영업부 직원들에게 더욱 집중하고 긴장하라고 권고했다. 그런데 팀 분위기는 예전과 달라진 게 없었다. 김 팀장은 불쾌했다. '내 말을 안 듣는 걸까?', '어떻게 하면 직원들이 정신을 차릴까?' 고민하고 있는데, 오늘따라 이 대리가 환하게 웃고 있다.

"이 대리! 지금 웃음이 나와? 회사에서 위기니까 긴장하라고 당부한 마당에 웃음이 나오냐고? 당신 한 달 뒤에도 웃을 수 있는지 두고 보자고. 오늘 팀 실적 분석 보고서 작성해서 내일까지 보고해!"

매년 위기라고 하면 직원들은 매년 더 심각해져야 하는 걸까? 작년에는 위기라고 해서 웃지도 못했는데, 올해는 울어야 할까? 명분을 강조할 때는 언어폭력이 자주 쓰인다. 상사 또한 작년보다 수위를 높여서 위기를 강조해야 하다 보니 언어폭력을 가하게 된 것이다.

명분은 개인의 욕심과 합쳐져서 표출되기도 한다. 이때도 언어폭력이 발생하게 된다.

B 회사는 매년 떨어지는 매출 실적에 모든 임직원이 긴장하고 있다. 직장을 잃지 않기 위해 최선을 다하는 중이다. 대표는 매출이 떨어지는 것을 더는 보고만 있을 수 없었다.

"회사의 위기입니다. 모두 긴장하고 각자의 자리에서 최선을 다해주시기 바랍니다."

여기까지는 문제가 없었다. 그러나 대표의 한마디가 수직적으로 내려오면서 중간 관리자의 생각과 언어로 재탄생했다. 박 부장은 팀원들을 불러 다음과 같이 전달했다.

"오늘 회장님 말씀 잘 들었지? 우리 회사가 지금 위기라고…. 바람이 불 때는 바짝 엎드려야 해. 요즘 같은 분위기에 튀는 행동들 하지 말라고! 다들 명심하라고!"

박 부장은 이때다 싶어 평소 할 말이 많았던 최 과장을 따로 불렀다.

"최 과장! 요즘같이 어려운 시기에 전처럼 병신 짓 하면 바로 회사 나가는 줄 알아. 지금 내가 지적한 건 하나도 개선이 안 됐잖아. 잘 생각해서 행동하라고, 알았어? 능력이 없으면 나대지 좀 마. 쯧쯧…."

최 과장은 혹여 퇴사하는 상황이 생기는 건 아닌지 불안하다. '그러고 보니 작년에도 이런 말을 들었던 것 같은데. 내 실적은 다른 직원하고 비슷한데…. 혹시 내가 회식 때 일찍 집에 가서 그런가? 아니면 따로 술 접대를 안 해서?'

최 과장은 퇴근하며 내내 아내와 딸의 얼굴을 떠올렸다.

상사가 자신의 욕심을 채우는 데 명분을 사용하면, 직원들과 불협화음이 생기거나 위기를 위기로 인지하지 못한 채 언어폭력으로 끝날 수도 있다. 명분을 강조하기 위해 상대의 약점을 언어폭력으로 제압하면, 상대에게 더 큰 충격과 상처를 줄 수도 있다. 이는 회사와 같은 조직에 전혀 도움이 되지 않는다.

매년 위기라는 회사 분위기, 언어폭력이 상존하는 조직은 직원들의 숨통을 조여 창의적 발상과 자유로운 의견을 제한하기 때문이다.

> **"**
> 언어폭력이라고 생각하지 않는 표현이라도 상대가 상처를 받는다면, 그것 역시 언어폭력입니다.
> **"**

젊은 언어폭력자의 탄생

H 기업에 근무하는 최는 지인의 소개로 운동 동호회에 가입했다. 이 동호회에는 여성 회원이 많은데, 운동 후에는 원하는 사람들만 남아 식사와 음료를 즐겼다. 모임 첫날, 식사 자리에서 문제가 생겼다. 최의 지나친 성적 농담 때문이었다. 최를 동호회에 소개한 지인은 매우 난처해했다. 분위기 파악을 못한 최의 농담은 계속되었고, 급기야 지인이 나서서 최를 말렸다. 하지만 최는 이런 분위기가 이해되지 않았다. 식사 자리가 끝나고 지인이 최에게 말했다.

"그런 농담을 하면 내가 뭐가 되냐?"

최는 문제가 뭔지 전혀 알 수 없었다. 오늘 식사 자리에서 한 농담은 회사에서도 재밌게 쓰던 것들이었기에 더욱 의아했다. 최는 답했다.

"우리 회사 사람들은 이 정도 농담은 재밌게 받아주는데…. 내가 심했나?"

"너희 회사에서는 그런 유머가 통할지 모르지만, 내가 볼 땐 너무 지나쳐."

최는 그날 이후 성인지 감수성에 대해 고민하게 되었다. 최의 회사가 이 부분에 특히 둔감하다는 걸 인지한 최는 지인에게 다음 사례를 들려주며 본인의 잘못을 사과했다. 최가 근무하는 H회사는 회식 때 여성 직원도 노래방에 간다. 단합의 의미로 함께 노래를 부르며 어깨동무 같은 신체 접촉을 하기도 한다. 어느 날, 김 부장은 노래방에서 여성 직원을 일부러 넘어트려 무릎에 앉히는 장난을 쳤다. 여성 직원들은 다른 직원들에게 김 부장의 과한 신체 접촉이 불쾌하다고 토로했다. 하지만 사내 분위기가 깨질까 싶어 누구도 김 부장에게 항의할 수 없었다. 김 부장의 불쾌한 행동은 계속됐다. 견디다 못한 여성 직원들은 회식 후 노래방 자리에 참석하지 않겠다고 했다. 집에 일이 있다며 돌아서는 여성 직원들을 보며 김 부장이 한마디했다.

"이래서 여직원은 안 되는 거야."

최는 입사 때부터 이런 말도 안 되는 환경을 수도 없이 경험했다. 이런 분위기가 자연스럽게 여겨질 정도였다. 최는 한국 사회가 대체로 이런 줄 알고 있었던 것이다. 지금까지 문제가 되지 않았다고 해서 평생 문제가 되지 않을까? 내가 속한 문화가 틀릴 수도 있다는 것을 항상 의심해야 한다.

3장

언어폭력의 방아쇠를 당기지 말자

정신만 바짝 차리면 언어폭력을 피할 수 있을까? 아니다. 언어폭력을 하는 사람들의 특징과 주로 사용하는 패턴을 분석해서 이를 예방해야 가능한 일이다. 폭언하는 사람들은 특정 대화 패턴을 자주 보인다. 격투 실력도 실전에서 자주 사용해본 기술이 주특기가 되듯, 언어폭력도 많이 사용한 패턴이 자주 쓰인다. 언어폭력을 시작할 수 있는 방아쇠(trigger) 역할을 하는 7가지 경우에 대해 알아보자.

01 | 추상적 표현과 단어를 피하자

　박 과장은 사람으로 꽉 찬 지하철에 체면이고 뭐고 일단 몸을 던져 탑승한다. 정신없이 직장에 도착한 뒤 바로 회의 준비를 한다.

　박 과장은 "9시 출근인데 왜 9시 5분에 회의를 잡을까?"라며 툴툴거린다. 딸을 유치원에 보내야 하는 박 과장은 평소 최 부장이 일찍 출근하란 말을 할 때마다 불합리하다고 생각했다. 언어폭력자로 유명한 최 부장은 일찍 출근하지 않고 매일 정시에 출근하는 박 과장이 마음에 안 들었다. 이에 최 부장은 오늘 미팅할 때 왜 아침에 일찍 출근해야 하는지 알려주어 박 과장의 버릇을 고쳐줘야겠다고 생각했다.

　미팅에 참석한 최 부장의 눈에서 레이저가 나올 것 같다. 박 과장은 최대한 눈을 마주치지 않으려고 서류만 내려다본다.

최 부장: 이번 분기 매출 부진의 가장 큰 원인이 뭔가?

박 과장: 제 생각엔….

최 부장: 내가 그럼 당신 생각을 묻는 거지, 내가 다른 사람 의견을 당신에게 물었나?

박 과장: 죄송합니다.

최 부장: 빨리 답해! 당신 때문에 다른 사람들이 이렇게 시간 손해를 봐야겠어?

박 과장: 최근 시장 조사에 따르면, 종합적인 평가는 만족스럽다는 의견입니다.

최 부장: 박 과장! 최근 시장 조사는 출처가 어디이며, 종합적 평가 기준은 어떻게 되며, 만족스럽다는 점수 범위는 뭐야? 답변이 뭐 이리 추상적이야?

박 과장 얼굴이 화끈거린다. '나한테 왜 이러지?' 하는 생각뿐이다. 최 부장은 '너, 잘 걸렸다'라고 생각하는 것 같다. 낚시를 해본 사람은 알겠지만, 찌가 조금씩 아래로 내려가거나 올라가는 순간(입질) 낚싯대를 하늘 높이 치켜들어야 바늘이 물고기 입에 완벽히 걸려 물고기가 빠져나가지 못한다. 박 과장은 바늘을 물었다.

이제 남은 건 최 부장이 박 과장 입에 걸어놓은 바늘을 서서히 당기는 일이다. 박 과장이 몸부림칠수록 최 부장은 "이야, 손맛 좋다~"라고 외치는 것 같았다. 울고 싶은 박 과장의 하루는 이렇게 시작한다. 이런 상황이 다시 온다면 박 과장은 낚싯바늘에서 벗어날 수 없을까?

첫 문장에 쓰인 단어나 표현에 대해 꼬투리 잡는 것은 토론(debate)이나 질의응답 시간에 가장 쉽게 상대를 공격하는 방법이다. 시작부터 강하게 상대를 제압할 수 있기 때문이다. 그렇다면 말문을 어떻게 여는 게 좋을까? 사용하는 단어나 표현이 추상적이지 않아야 한다.

박 과장이 한 말을 구체적으로 다시 말해보면 다음과 같다.

"제 생각에 이번 설문 조사의 결과는 긍정적입니다. 앞으로도 매출은 잘 나올 것 같습니다."

가장 먼저 살펴봐야 할 것은 '긍정적'이라는 단어이다. 이는 주관적인 기준이므로 상대가 객관적으로 인지할 수 있는 표현이 아니다.

이제 조금 더 구체적으로 말해보자.

"ABC 에이전시를 통해 실시된 3분기 소비자 설문 조사 결과를 말씀드리겠습니다. 100점 만점에 고객 만족도 평균값은 90점이었으며, 소비자의 최고점과 최저점 차이는 10점 내외였습니다. 이에 이 상품의 매출은 지속적으로 상승할 것으로 예상합니다."

언어폭력자에게 정보를 전달해야 할 일이 있다면, 내가 아는 정보를 최대한 객관화하여 상대가 인지하기 편하게 전달하는 것이 좋다.

이번에는 추상적인 단어를 사용해서 생길 수 있는 문제 상황을 살펴보자. 대학생 광일이는 새로 사귄 여자친구에게 이런 질문을 하였다.

"여행 좋아해?"

여자친구는 "여행 많이 좋아하지"라고 답했고, 둘은 함께 여행을 갔다. 그런데 문제는 목적지에 도착해서 발생했다. 서로가 생각한 여행의 개념이 전혀 달랐던 것이다. 두 사람은 상대가 여행을 좋아한다고 하니 마음이 잘 맞는다고 생각했다. 하지만 실제 광일이가 생각한 여행은 다양한 현지 체험이었고, 여자친구가 생각한 여행은 숙소나 레스토랑에서 편히 쉬며 지친 마음과 영혼을 치유할 수 있는 휴양이었다. 이처럼 같은 단어를 사용하더라도 각자 가진 경험이나 지식에 따라 그 의미가 달라질 수 있다.

말하는 사람이 사용하는 단어의 의미를 듣는 사람에게 정확하게 전달하기 위해서는 예시를 들어 이야기하는 것이 좋다.

광일이가 여자친구에게 "여행 좋아해? 난 골목골목을 돌아다니며 구경하는 걸 좋아해"라고 미리 말했더라면, 여행지에서 느끼는 서로에 대한 불만이 적었을 수도 있다. 직장 내에서 언어폭력자가 상대가 말한 단어의 의미를 오해하게 되면 큰 화가 돌아올 수 있다. 언어폭력자와 대화할 때는 포괄적인 의미의 단어보다 구체적인 의미의 단어를 선택하고, 그에 따른 예시를 제시하는 것이 중요하다.

대화 상대로 말꼬투리를 잡으려는 언어폭력자를 만나서 전하고자 하는 의미가 잘 전달되지 않았다고 치자. 이때 더 설명하려고 하다 보면 언어폭력자는 당신이 사용한 단어의 꼬리에 꼬리를 물며 집요하게 공격할 수 있다. 이럴 때는 과감히 "잘 모르겠습니다" 아니면 "죄송합니다. 바로 다시 정리하여 보고 드리겠습니다"라고 말하며 대화를 끊었다 이어가는 것도 좋은 방법이다.

추상적인 표현의 덫! 구체적으로 말할수록 피할 수 있다.

> **"** 투우 경기에서 작정하고 덤비는 소에게는 투우사의 노련미가 필요합니다. **"**

뱀잡이수리에 관한 이야기를 한 번쯤 들어보았을 것이다. 뱀잡이수리는 멀리서 보면 두루미처럼 생겼는데, 사실 독수리 같은 맹금류다. 뱀잡이수리는 날 수 있음에도 천적을 만나면 당황해서 뛰어다니다 결국 잡아먹힌다고 한다. 우리도 가끔 당황하면 생각지도 못한 행동이나 말을 할 때가 있다. 그래서 대화를 할 때는 당황하지 않는 것이 매우 중요하다. 면접 자리에서도 일부러 면접자에게 답하기 당혹스런 질문을 해 얼마나 민첩하게 대응하는가를 평가하기도 한다.

　언어폭력자들은 상대가 당황하면 횡설수설할 수 있다는 사실을 잘 알고 있다. 또 타고난 승부사 기질로 상대를 쉽게 당황하게 할 수도 있다. 언어폭력자는 상대가 전문 정보나 수치를 정확히 기억하지 못한다는 약점을 악용한다. 국회 청문회에서 수치로 공격하는 장면을 볼 수 있다. 갑작스레 상대에게 구체적인 수치를 물어 당황하게 하는 것이다. 전문 분야의 정확한 데이터 값을 묻는 질문을 받았을 때 모든 것을 기억하고 답하기는 쉽지 않다. 그런데 막상 그런 상황에 처하면 곧바로 대답하지 못해 비전문가로 보일까 봐, 생각지도 않은 말이나 행동을 하기도 한다. 언어폭력자가 갑자기 수치로 공격할 때는 다음 예시를 참고해보자.

홍 과장: 미팅을 본격적으로 시작하겠습니다. 김 대리님! 최근 화장품 시장에서 남성들의 선크림 소비율은 얼마나 되나요?

김 대리: 제 기억으로는 약 10% 정도 되는 것 같습니다.

홍 과장: 아니 10%라뇨? 제가 자료를 찾아본 바로는 8%입니다. 이렇게 시장 상황을 대충 아는 사람이 전략을 어떻게 수립하나요?

김 대리: (당황하며) 8%인가요? 죄송합니다. 그쯤으로 기억은 하고 있었습니다.

홍 과장: 김 대리님, 10%와 8%는 2% 차이죠? 전체 매출액의 2%는 엄청난 금액입니다. 이렇게 회사가 어려운 상황에서 어떻게 2%를 쉽게 생각할 수 있죠?

김 대리: 죄송합니다만, 그래서 하시고자 하는 말씀이 무엇인

가요?

홍 과장: 시장 상황도 모르는 분께 제 의견을 드리는 것조차 시간이 아깝습니다. 다음에 시장 상황을 정확히 알아 오시면 말씀드리겠습니다.

앞의 사례를 보면, 홍 과장은 생산적인 미팅을 준비했다기보다 상대를 공격하기 위해 대화를 시작했다. 이러한 상황은 국회 청문회뿐 아니라 직장에서도 흔히 볼 수 있다. 갑자기 정확한 수치를 물어 오는 데에는 어느 정도의 공격성을 내포하고 있다고 볼 수 있다. 이런 상황에서 벗어나는 가장 좋은 방법은 모든 수치를 머릿속에 넣는 것이다. 하지만 이건 사실상 불가능하다. 그럼 어떻게 하는 것이 좋을까? 내가 제안하는 대응 방법은 다음과 같다. 갑작스럽게 수치를 물어 왔을 때 내가 그 수치를 정확하게 알지 못한다면 섣불리 답하지 않는 것이 좋다. 그리고 상대가 하고 싶은 말을 하도록 유도하는 것이다. 앞선 상황에 조금 더 유연하게 대처하는 김 대리를 상상해보자.

홍 과장: 미팅을 본격적으로 시작하겠습니다. 김 대리님! 최근 화장품 시장에서 남성들의 선크림 소비율은 얼마나 되나요?
김 대리: 정확한 수치가 필요하시면 데이터를 찾아서 공유해 드리겠습니다. 혹시 어떤 내용 때문인지요?

홍 과장: 평소에 그 정도 수치도 머릿속에 없습니까?

김 대리: 죄송합니다. 대략 알고 있으나, 정확한 수치가 있어야 하는 거라면 데이터를 공유해 드리겠습니다. 어떤 내용 때문에 물어보신 건가요?

홍 과장: 최근 남성 선크림 수요가 증가하고 있습니다. 그러나 마케팅팀에서는 이러한 수요에 대한 전략이 준비되어 있지 않은 것 같습니다.

김 대리: 그 부분이 걱정되신 거라면, 제가 답변 드리도록 하겠습니다. 우리 마케팅팀은 최근 남성 선크림 수요 증가에 따라 다음과 같은 전략을 준비하고 있었습니다.

이처럼 상대가 처음부터 정확한 수치를 물어 올 때는 공격성 짙은 대화로 전개될 가능성이 크기 때문에 어렴풋한 수치로 답하기보다, 무엇 때문에 그 수치가 필요한지 되묻는 여유가 필요하다. 상대가 수치(Number)로 질문해 오면 당황하지 말자. 당황하면 수치스러운(Shame) 자리가 될 수 있다.

> 누구나 숫자로 공격당할 수 있습니다.
> 우리는 AI가 아니기 때문입니다.

03 | 본전도 못 찾는
직언

　최근 직장인들 사이에서 '블라인드'라는 앱이 유명하다. 블라인드는 자신이 재직한 회사의 그룹 채팅방에 가입하여 익명으로 글을 쓰고 동료의 글을 볼 수 있는 앱이다. 익명이라 상사나 동료에게 할 수 없는 말을 올릴 수 있다. 반대로 거짓 정보나 편향된 의견을 올릴 수도 있다. 이 앱이 직장인들의 관심을 받는 이유는 하나다. 직장인들의 대나무숲이 되어주기 때문이다. 따라서 공감을 많이 얻은 솔직한 의견이 큰 목소리로 발전하는 경우도 있다.

　이처럼 대부분의 직언은 긍정적인 역할을 한다. 그러나 언어폭력자에게 향하는 직언은 뜨거운 기름에 물을 뿌리는 것과 같다. 언어폭력자에게 직언을 하려거든 10번은 생각하고 하는 것이 좋다. 이는 가능하면 하지 말라는 의미도 내포한다. 언어폭력자는 자신의 권위를 생명과 같이 여긴다. 그래서 '직언'은 곧 '도전'이라 인식할 가능성이 있다.

A 회사에 유명한 폭언 상사가 있었다. 같은 팀 직원들은 너무 힘들어했다. 직원들은 고충을 전달하기 위한 자리를 마련하였다. 폭언 상사의 자존심에 상처를 내지 않도록 조심스럽게 대화를 시작했다.

"요즘 저희 팀원들이 부장님 말씀 때문에 힘들어합니다. 부장님께서 조금만 더 직원들을 믿어주세요. 채찍보다는 당근을 받고 싶습니다."

하지만 폭언 상사의 폭언은 더욱 심해졌다. 직원들이 자신의 권위에 도전했다고 여겼다. 낙담한 직원들은 자포자기의 상태가 되었다. 그 후 팀의 성과는 떨어졌고 팀워크에 불화도 생겼다. 직원들은 이런 일을 왜 인사부나 임원들에게 보고하지 않았을까? 그렇게 하기란 쉽지 않다. 아무 탈 없이 직장에 다니고 싶기 때문이다. 비겁해 보일 수 있지만, 침묵도 직장인들의 생존 방법의 하나라는 것을 인정해야 한다.

직언은 중요하다. 조직이 잘못된 방향으로 가고 있을 때 침묵하면 바른 방향으로 갈 마지막 기회를 놓칠 수도 있기 때문이다. 하지만 현실은 직언으로 인한 불이익을 감수하라고 말한다. 회사가 직언하는 문화를 정착시키려고 해도 뒤에서는 불이익을 주는 사람이 있기 마련이다. 그래서 언어폭력자 앞에서는 직언보다 함구를 택하게 된다.

직언으로 인한 피해 사례를 하나 더 살펴보자. K 회사에 근무하는 한 직원이 회사 전체 워크숍에 참석했다. 사장이 마케팅팀장의 발표에 질문이나 피드백을 주라고 직원들에게 요청했다. 그 직원은 마케팅 전략에 대해 조심스럽지만 냉철하게 평가했다. 함께 있던 직원들도 그의 피드백에 매우 공감했다. 그러고 나서 그 직원은 마케팅팀장에게 몇 가지 질문을 했다. 당황한 마케팅팀장은 직원의 질문에 명확하게 답하지 못했다. 이 상황을 지켜보던 사장이 직원에게 충고하는 것으로 미팅을 끝냈다.

"당신이 마케팅팀보다 더 많이 고민했을 것 같나? 당신 생각처럼 안 한 데는 다 이유가 있지 않겠어?"

그날 저녁 회식 자리에서 사장은 직원들과 헤어지며 악수를 했다. 하지만 그 직원과는 악수를 하지 않았다. 그 후 직원들 사이에서 그 직원처럼 직언하면 사장에게 찍힌다는 소문이 돌았다. 사장은 회사의 전략을 책임지는 마케팅팀이 미흡해 보이면 안 된다고 판단해 도와주려고 그랬는지도 모른다. 하지만 직원들의 머릿속에는 워크숍의 내용보다 사장에게 찍히면 안 된다는 메시지가 강하게 남았을 것이다.

사업이나 주식 투자를 할 때 "High risk, High return"이란 말을 자주 듣는다. 위험이 클수록 더 많은 이익을 얻는다는 말이다. 언어폭력자에게 직언하는 상황도 비슷하다. 직언에 따른 위험도 크고 보복도 크다. "High risk, High revenge"라 말해 주고 싶다.

직언을 통해 꼬인 인간관계가 풀린다든지, 회사 전략이 수정된다든지, 상사의 관리 스타일이 변화한다든지 하는 좋은 사례도 많을 것이다. 하지만 언어폭력자는 예외로 하고 싶다. 이런 상황을 잘 표현한 그림을 블로그에서 우연히 본 적이 있다. 한 벽면에 큰 물고기가 박제되어 걸려 있었고 그 아래에 이런 글이 있었다.

"그때 내가 입을 벌리지 않았다면 난 여기 있지 않았을 것이다."

> **"**
> 나는 열려 있으니까 직언을 해도 된다고 하는 사람치고,
> 실제로 그런 사람은 없습니다.
> **"**

'톤 앤드 매너(tone and manner)'는 관광 마케팅에서 많이 사용되는 용어이다. 그것은 작업물에 관한 색상 분위기나 방향성과 표현을 일컫는다. 최근에는 대화할 때도 많이 사용한다. 이는 상대와의 대화 분위기를 무겁게 할지, 가볍게 할지에 대한 기준이 된다. 언어폭력자는 톤 앤드 매너를 오남용한다. 톤 앤드 매너는 소통할 대상이나 마케팅 전략과 연결되어야 하지만, 언어폭력자는 주변 사람들을 평가하기 위한 잣대로 자주 사용한다.

M 회사의 영업1팀은 최근 영업 매출이 지속적으로 떨어져 긴급회의를 열었다. 영업1팀의 매니저인 언어폭력자 박 부장은 양 과장을 불러 직원들 앞에서 망신을 줬다.

박 부장: 양 과장! 당신이 선임인데도 우리 팀에서 매출이 꼴등이야. 후배들 보기 부끄럽지 않나?

양 과장: 죄송합니다, 부장님. 더욱 분발하겠습니다.

박 부장: 최근에 카톡 사진 보니까 가족하고 자주 놀러 다니는 것 같은데, 노는 동안 마음이 불편하지 않았나? 어찌 그리 마음 편히 놀 수 있는지 이해가 안 되네. 당신 애들이 뭘 보고 배우겠나?

양 과장: 부장님, 죄송합니다. 저 역시 실적이 좋지 않아서 스트레스를 많이 받고 있습니다. 그리고 제 아이들에게 부끄럽지 않은 아버지가 되기 위해 열심히 살고 있습니다.

박 부장: 당신 톤 앤드 매너가 뭔지 아나? 당신 잘못으로 실적이 안 좋으면 내가 백번을 뭐라고 해도 할 말이 없어야지! 지금 나한테 대드는 건가? 마음속으로 아무리 화가 나도 상사와 소통할 때는 톤 앤드 매너를 생각하고 떠들어야지. 왜 고객들이 당신과 계약을 안 하는지 알겠네.

양 과장: 죄송합니다. 제가 생각이 짧았습니다.

박 부장: 2분기 영업 전략 및 계획에 대한 보고서 내일까지 올려!

양 과장: 네, 부장님.

다른 사례를 보자. 외국계 회계회사에 근무하는 이 대리는 곧

3장 : 언어폭력의 방아쇠를 당기지 말자

미팅에 참석한다. 매니저인 김 부장이 중요한 공지 사항이 있다고 했기 때문이다. 김 부장은 지점원들에게 목청을 높여 가며 공지 사항을 전달했다. 이때 김 부장의 눈에 노트북을 켜고 타이핑 하는 이 대리가 들어왔다. 김 부장은 이 대리가 미팅 중 딴짓을 하는 것이라 생각하고 큰소리를 쳤다.

김 부장: 이 대리! 지금 미팅 중에 뭐 하는 거야?

이 대리: 부장님 말씀 요약해서 팀원들과 공유하려고 합니다.

김 부장: 이 대리! 당신만 잘 들으면 돼. 왜 시키지도 않은 일을 해. 어디 가져와봐. (잠시 노트북을 보더니) 이 대리! 내가 이번 분기에 회계 점검이 있을 수 있으니 각자 점검해볼 것을 권고했는데, 당신이 정리한 것을 보면 '이번 분기에 회계 점검이 있을 수 있으니 각자 점검할 것!'이라고 적혀 있잖아. 나는 권고한다고 했지, 꼭 하라고 말한 건 아니야. 톤 앤드 매너를 잘 생각해서 정리해야지. 정리할 줄도 모르면서 왜 나서서 잘못된 정보를 퍼트리나? 위험한 사람일세. 앞으로도 회의 내용 정리하면 나에게 가져와서 검토받아!

대화에서 김 부장은 '톤 앤드 매너'라는 표현을 적절하게 사용하지 않았다. 오해했더라도 오히려 회의 내용을 정리하는 이 대리를 칭찬하면 어땠을까? 다른 직원들도 스스로 메모하며 공지 사항을 숙지할 수 있도록 격려할 수도 있었을 것이다. 진심으로 톤 앤드 매너를 가르쳐주고 싶었다면, 직원들 앞이 아니라 단둘이 있는 자리에서 했어야 이 대리가 조언을 더 유연하게 수용하지 않았을까?

"직급이 깡패"라는 표현이 있다. 유능한 직급 깡패일수록 톤 앤드 매너로 언어폭력을 정당화하려고 한다. 톤 앤드 매너는 외부 고객에게 더 많이 사용되어야 한다. 부하 직원의 말투와 태도를 고치기 위해 톤 앤드 매너가 사용되면, 직원들의 스트레스가 가중되어 직장 내의 생산력과 창의력은 계속 떨어질 수밖에 없다.

우리는 사람과 관계를 맺을 때 나이, 취미 등 상대의 표면적
인 정보를 물으며 조심스레 공통점을 찾아간다. 하지만 언어폭
력자는 가정사, 학력, 애인 등 사적인 질문을 거침없이 한다. 호
구조사처럼 느껴질 정도이다. 직장 내 성추행 예방 교육이 강
화되어 지금은 찾아볼 수 없지만, 예전에는 여성 직원들에게 몸
무게를 묻는 등 수치심을 느낄 수 있는 질문도 서슴없이 했다.
1989년도에 유명한 여성 가수의 몸무게를 패널들이 맞추면 선
물을 주는 프로그램이 있었다. 출연한 여성 가수는 체중계 위로
소환되어 자신의 몸무게를 전 국민에게 공개했다. 그리고 바로
진행자가 노래를 요청했는데, 이 여성 가수는 노래를 부르며 수
치스러운 감정 때문에 눈물을 보여야 했다. 이처럼 과거에는 사

적인 정보에 대한 존중이 부족했다.

지금도 꼰대 상사들은 직원들이 입사 때 제출한 개인정보 외에 더 많은 정보를 수집하려 한다. 긍정적으로 보면 직원에 관한 관심일 수 있다. 그러나 직원을 평가하는 데 개인정보를 악용하기도 한다는 게 문제다. 특히 직장 내 꼰대들은 타인에게 자신의 영향력을 과시하려고 직원들의 개인정보를 수집한다. 문제는 이 개인정보를 주변 사람들에게 생각 없이 퍼트려서 '칸디루 현상'을 일으킨다는 것이다. 칸디루 현상은 심리학이나 의학 용어가 아니다. 개인적으로 유명 유튜브 동영상을 보다 사회 현상과 비슷한 면을 찾게 되어 그때부터 칸다루 현상이라고 불렀다.

어느 날, 유튜버 '푸른상어'님의 칸디루의 성향을 실험하는 영상을 보았다. 물고기인 칸디루는 흡혈메기로 아마존에 서식한다. 집단생활을 하면서 죽은 물고기를 청소하는 칸디루에게 같은 크기의 미꾸라지를 넣어주자 처음에는 공격하지 않았다. 그러나 미꾸라지 등에 상처를 낸 뒤 넣어주자 후각이 발달한 칸디루들이 무차별로 공격했다. 칸디루는 동족을 공격하지 않는 것으로 알려져 있으나 동족 역시 몸에 상처가 생기면 먹이가 될 수 있다고 예상할 수 있었다.

갑자기 칸디루 이야기를 꺼낸 것은 우리에게도 그와 비슷한 상황이 벌어지기 때문이다. 누군가 한 사람을 헐뜯으면 주변 사람들도 그 분위기에 동조하는 현상을 목격하게 된다. 칸디루 현상은 한 사람의 흠집이 대중에게 알려질 때 무차별적으로 헐뜯기는 걸 말한다. 우리는 존엄한 인간이라지만, 사회생활을 하다 보면 동물적 행태를 종종 보게 된다. 칸디루 현상으로 인해 피해자가 겪을 스트레스와 트라우마는 말하지 않아도 짐작할 수 있다.

김 주임의 부모는 김 주임이 어릴 때 이혼했다. 김 주임은 어려운 가정환경에서도 장학금을 받고 대학을 졸업했다. 그리고 그토록 원하던 직장에 취업했다. 김 주임은 부모가 이혼했어도 스스로 부끄럽지 않게 컸다고 자부했다. 그래서 부모에 관한 질문을 받으면 주저하지 않고 부모의 이혼 사실을 밝혔다.

어느 날 꼰대 박 부장이 김 주임에게 저녁 식사를 제안했다. 박 부장은 김 주임과 식사하면서 가족에 관해 물어보았다. 김 주임은 부모에 관해 이야기했다. 김 주임은 자신의 이야기를 경청해주는 박 부장이 고마웠다. 앞으로 박 부장에게 잘해야겠다고 생각했다.

2주 후 박 부장은 매니저 워크숍에 참석했다. 워크숍을 마치고 다른 매니저들과 술 한잔하면서 저녁 식사를 즐겼다. 박 부장은 직원들에 관해 이야기하는 자리에서 김 주임의 개인사를 언급했다.

박 부장: 요즘 이혼한 사람들이 진짜 많은 것 같아요. 그런데

이혼한 집 자식들을 보면 조금 다른 것 같아요. 뭐랄까? 상처가 많아서 그런지 우울해 보여요. 우리 팀 김 주임도 부모님이 이혼하셨다는데, 그 친구랑 같이 밥을 먹을 때마다 저도 우울하더라고요. 하하하.

술자리에 있던 사람들도 김 주임이 평소 우울해서인지, 열정이 없어 보인다며 한마디씩 거들었다. 식사 자리에 김 주임과 같은 대학 출신의 선배가 있었다. 나중에 그 선배는 김 주임을 따로 불러서 다음과 같이 조언했다.

선배: 김 주임, 내가 학교 선배이자 회사 선배로서 조언하는 거니까 잘 생각해봤으면 해. 김 주임이 어려운 가정환경에서도 정말 열심히 살아온 건 내가 누구보다 잘 알고 있어. 그런데 김 주임의 소중한 이야기가 다른 사람들의 술안주로 사용되는 건 보기 안타까워. 김 주임에 대한 선입견이 생길까 봐 걱정돼서 그래. 앞으로 박 부장님과 사적인 이야기는 하지 마.

김 주임은 선배의 말을 듣고 혼란스러웠다. 한편으로 화가 났다. 자신의 가정사가 술자리 안주였다는 사실에 박 부장에 대한 신뢰가 무너졌다. 동시에 직장에서 성실함 하나로 쌓은 이미지가 한순간에 무너진 것 같아 속상했다.

처음 만나 나이 먼저 묻는 한국 사회에서 무조건 사적인 이야기를 하지 않는 것은 불가능하다. D 회사에서 근무하는 대인관계의 달인 양 차장의 사례를 살펴보면 참고가 될 것이다. 양 차장은 사람들과 만나면 사적인 이야기로 공감을 잘 끌어낸다. 양 차장의 이야기 소재는 대개 아기, 강아지, 자동차, 여행, 운동, 날씨 등이다. 양 차장의 이야깃거리는 정치적으로 악용되거나 뒷말로 사용될 가능성이 적다. 상대가 학력과 가정사를 물어 오면 양 차장은 전공만 밝히며 개인정보 노출을 피한다. 양 차장의 직장 내 커뮤니케이션 규칙은 다음과 같다.

①내 영웅담을 후배들에게 이야기하지 않는다.
②나이 들수록 입은 닫고 지갑은 연다.
③직장에서는 진지하게 대화할 사람을 만들지 않는다.
④다른 사람을 흉보지 않고, 타인의 뒷말을 옮기지 않는다.
⑤재미있는 사람이 되려고 가볍게 행동하지 않는다.

양 차장은 사람들에게 인기 있는 사람이 되려고는 하나 경계하는 것이 있다. 바로 사람이 가벼워지는 것이다. 말을 잘하는 사람들은 스토리텔링을 잘한다. 이들은 특이한 경험이나 독특한 사람들의 이야기를 생생하게 잘 전달하면서 흥미와 재미를 끌어낸다. 가끔 주변에서도 사람들의 관심을 끌거나 인기 있는 사람이 되기 위해 본인 이야기나 다른 사람의 이야기를 조금은 과장되게 하는 모습을 본다. 이러한 행동으로 그 자리에서는 재밌는 사람이 될 수 있으나 공유한 타인의 사적인 정보들로 인해 다른 사람들에게 입이 가벼운 사람으로 인식될 수 있다.

직장 내 커뮤니케이션 방법에는 정답이 없다. 하지만 언어폭력자들은 주변 사람들의 사적인 정보를 자신의 출세와 인간관계에 악용한다. 언어폭력자와 대화할 때 사적인 정보는 최대한 노출하지 말자. 양 차장처럼 기억에 남지 않을 사적인 정보만 재미있게 공유하는 것도 하나의 방법이 될 수 있다.

> 호랑이는 죽어 가죽을 남기고
> 폭언하는 사람은 죽어 상처를 남깁니다.

"매너가 사람을 만든다(Manner makes man)." 영화 〈킹스맨〉의 유명한 대사이다. 이 표현을 들으면 영국 신사의 상징인 멋진 슈트와 구두가 연상된다. 하지만 이 표현은 어떠한가? "자리가 사람을 만든다(Position makes man)." 직장인들 사이에서는 유명한 말이다. 어떤 사람이든 맡은 자리에 가면 그에 맞게 행동한다. 그래서인지 그 자리에 맞게 잘 행동하는 사람은 좋은 평가를 받는다. 하지만 반대로 자리에 맞지 않게 행동하는 사람들 때문에 "직급이 깡패"라는 표현이 생기기도 했다. 이 말을 들으면 누가 생각나는가? 승진하여 높은 자리에 오른 뒤 행동이 돌변하는 사람들이 생각난다. 그래서 개인적으로 친해지려 하는 언어폭력자와는 공과 사를 더욱 분명하게 구분해야 한다. 이를 망각하면 언어폭력자에게 마음의 상처를 입기 쉽다.

회사에 입장(Entrance)하는 순간 각자의 입장(Stance)은 달라진다. 상사와 밥을 먹고 술을 마시며 친한 사이가 되었다 한들, 직장에 들어가는 순간 사적 관계는 마음속에서 지워야 한다. 언어폭력자와의 사적인 관계는 독이 될 뿐이다.

K 회사에 5개월 전에 입사한 박 사원의 사례를 살펴보자. 박 사원은 대학 4년을 열정과 도전으로 보냈다. 그렇게 다양한 경험 덕에 K 회사에 입사할 수 있었다. 박 사원은 인간관계를 잘 맺는 데 자신이 있었다. 새로 업무를 익히는 과정에도 성실히 임했다. 잦은 야근과 주말 근무에도 웃음을 잃지 않았다. 특히 선배들과 잘 지냈다.

하루는 손 부장이 야근 후에 식사를 제안했다. 박 사원은 남은 업무가 있어서 죄송하다며 거절했다. 손 부장은 밥은 먹어가면서 일해야 한다며 나가자고 했다. 술자리에서 박 사원은 손 부장의 뼈와 살이 되는 이야기를 들었다. 손 부장은 신입사원 시절 일화와 직장에서 성장하게 된 과정을 박 사원에게 들려줬다. 박 사원은 감사함을 느끼며 경청했다. 이야기가 깊어지면서 시간은 자정을 넘겼다.

손 부장: 자네를 보면 내 신입사원 때 모습을 보는 것 같아. 아주 열심히 사는 것 같아 보기 좋아. 오늘부터는 날 형이라

고 불러!

박 사원: 아닙니다. 제가 어떻게 부장님을 형이라고 부르나요?

손 부장: 아니야, 형님이라고 불러봐.

박 사원: 형님, 감사합니다.

분위기 탓에 박 사원은 과음을 하고 말았다. 택시를 타고 집에 가면서 손 부장에게 고마움을 느꼈다. 인간적인 대우를 받은 것 같아 마음 깊이 따뜻함을 느꼈다. 문제는 다음 날이었다. 손 부장은 박 사원을 불러서 사흘 뒤 회계팀에 보고할 문서를 가져오라고 했다. 보고서를 마무리하지 못한 박 사원은 어제 손 부장과 회식한 것을 후회했다. 손 부장이 반강제로 술을 먹자고 했고, 게다가 자신을 형이라고 부르라고까지 했으니 이해해줄 것이라 생각했다.

손 부장: 사흘 뒤 보고인데 아직도 보고서 작성이 안 됐어?

박 사원: 죄송합니다. ('어제 술만 안 마셨어도 보여드릴 수 있었는데요….')

손 부장: 아니, 일 처리를 이렇게 해놓고 어제 술까지 마신 건가? 당신 정신이 있는 사람이야, 없는 사람이야? 당장 보고서 가져와! 능력이 없으면 눈치라도 있어야지.

박 사원: 네! 부장님, 죄송합니다. 바로 작성하겠습니다.

자신을 형이라고 부르라던 손 부장의 따뜻한 눈빛과 말투는 모두 사라졌다. 박 사원은 손 부장의 잡아먹을 듯한 표정과 말투에 놀랐다. 다른 사람을 보는 것 같았다. 직장 생활에서 공과 사는 확실히 구분해야 한다. 언어폭력자와 사적인 관계를 맺었는데 그에게 폭언을 들으면, 더 큰 상처를 받게 되기 때문이다.

> **"**
> 사회생활을 하며 사적인 관계를 맺는다고도 하지만,
> 그 근간에는 '이익'이 존재합니다.
> 순진하면 상처를 받기도 합니다.
> **"**

10년 넘게 직장 생활을 하면서 정색의 중요성을 많이 느꼈다. 정색이란 말 그대로 굳은 표정을 말한다. 정색은 진행되는 대화의 멈춤(pause) 기법과 유사한 효과를 보인다. 대화에서 멈춤 기법은 말을 중단함으로써 분위기의 반전이나 청중의 집중을 끌어낼 때 사용된다.

간단한 인사말에도 활용할 수 있다.

"안녕하세요? 이정훈 작가입니다. (3초간 정지) 오늘 제가 말씀드릴 내용은 매우 무거울 수도 있습니다."

의외로 사람들은 대화 기술 중 하나인 멈춤을 잘 사용하지 못한다. 2~3초의 짧은 정적조차 매우 어색해하기 때문이다. 하지만 매우 효과적인 기술임엔 틀림없다.

다시 '정색'으로 돌아가보자. 정색은 멈춤 기술과 유사하지만, 상대에게 말없이 묵직한 메시지를 던진다.

'그만해.'
'선 넘었다.'
'기분 나쁘다.'
'당신 뭐야?'

하지만 일상에서의 정색은 상대가 무례하다고 느낄 수도 있고, 괜히 사이가 어색해질까 두렵기도 해 자주 사용하지 않는다.

그러나 당신이 정색해야 하는 상황이 있다. 바로 언어폭력 앞에서이다. 당신의 상사가 당신에게 처음으로 언어폭력을 가한다고 해보자. 당황스러운 나머지, 죄송한 표정을 짓거나 어색한 웃음을 보거나 어쩌면 울 수도 있다. 언어폭력이 처음 발생했을 때 언어폭력자는 상대의 반응을 기억한다. 처음부터 언어폭력자를 너무 낮은 자세로 대하면, 다음에 더욱 쉽게 언어폭력을 당할 수 있다. 언어폭력자는 강자에게는 약하고 약자에게는 강하다. 처음 언어폭력이 발생했을 때 당황해하거나 너무 낮은 자세로 상대를 대하지 말길 바란다. 말없이 있음으로써 언어폭력자가 침묵하는 이유를 물어보게 만들어라.

"왜 아무 말도 없어? 내 말이 틀렸어? 뭐야? 입이 있으면 말해봐!"

이런 반응을 끌어내야 한다. 그러면 당신은 이렇게 답하면 된다.

"해주신 말씀 잘 새겨듣겠습니다. 다만, 저에게 욕을 하신 것에 많이 놀랐습니다."

먼저 상대의 조언을 존중한다는 의사를 표한다. 그러고 나서 욕설이나 인신공격성 표현에 대해 당신의 솔직한 기분을 전달하는 것이 중요하다. 조언에 대한 수용과 폭언을 들은 느낌을 분리하여 말하면 상대방은 본인의 행동을 되돌아보게 된다. 이를 통해 언어폭력을 행사한 사람에게 사과를 받아내거나 언어폭력이 재발하지 않게 할 수 있다.

> 상대의 폭언을 멈추면 비로소 보이는것,
> 바로 당신의 존엄입니다.

Real story ——————
책임회피형 상사의 최후

취업포털 '잡코리아'에서 직장인 844명을 대상으로 설문 조사를 한 결과, 직장인 10명 중 9명이 상사 때문에 근로 의욕이 꺾이는 경험을 한다고 답했다. 직장인의 의욕 저하를 부르는 상사 유형 1위는 '책임회피형 상사'였다.

어떻게 책임을 회피할까? 가장 대표적인 행동으로 침묵하거나 아랫사람이 결정하게 내버려두는 것이 있다. 결과가 안 좋으면 모든 책임을 의사 결정한 실무자에게 돌린다. 실무자가 일도 하고 책임도 지게 되는 것이다. 반대로 결과가 좋으면 모든 공로는 침묵한 상사에게 돌아간다. 상사들은 왜 책임을 회피할까? 직장에서 살아남아야 하기 때문이다. 문제는 함께 근무하는 사람들이 고통과 스트레스를 받아야 한다는 점이다.

G 회사의 인사팀 김 과장은 책임회피형 상사와 근무한 적이 있었다. 모든 일은 김 과장에게 맡겨졌다. 처음에는 김 과장을 믿고 일을 많이 주는 것이라고 생각했다. 그러나 문제가 생겼을 때 상사는 "나는 모르는 거다. 잘못되면 너희 책임이다"라는 말로 김 과장을 포함한 직원들을 힘들게 했다.

하루는 김 과장이 술자리에서 책임회피형 상사에게 속마음을 이야기했다.

"팀장님, 저희가 매일 야근하면서 열심히 일하는 거 아시죠? 그런데 팀장님과 같이 의논해서 결정한 것인데도 결과가 좋지 않으면 한발 물러서 계셔서 저희가 힘듭니다. 저희 사업 결과가 좋지 않을 때 저희를 대변해주시고 보호해주셨으면 합니다."

그날 김 과장과 상사는 4시간 넘게 언쟁을 했다. 결론이 나지 않은 상태에서 서로 기분만 상한 채 근무를 계속해갔다. 나중에 그 상사는 회사에서 책임회피형 리더로 평가받아 다른 팀으로 옮겨졌다. 연차가 쌓일수록 챙겨야 할 가족이 늘어 가능하면 위험한 상황에 놓이고 싶지 않은 심정은 이해가 된다. 하지만 무조건 책임을 전가하는 상사는 같이 일하는 직원을 위험하게 만들기도 한다.

책임회피형 상사는 책임지는 상황을 매우 불편해한다. 그러므로 그런 상사와 같이 일할 때는 항상 이메일로 업무를 보고하는 게 좋다. 메신저로 함께 의논하고 결정하여 그것을 증거로 남겨놓는 것이 좋다. 결과가 좋지 않을 때는 실무자가 모든 책임을 지게 될 수도 있기 때문이다. 책임회피형 상사는 정치적 역량이 뛰어나기 때문에 문제 상황 시 자신에게 화살이 날아오지 않도록 조치한다. 그러므로 부하 직원은 그의 먹잇감이 될 수밖에 없다. 상사가 책임을 회피하는 경향을 보이면 함께 논의하고 결정하는 미팅 자리를 마련해라. 함께 결정한 사항에 대해서는 혼자 책임을 떠안지 않도록 문서를 만들어두는 것이 좋다.

업무 완성의 책임은 실무자에게 있지만, 결과의 책임은 모두에게 있다. 상사는 직원들에게 비 오는 날의 우산이 되어야 한다. 팀원들이 최소한으로 비를 맞고 일할 환경을 마련하는 리더가 진짜 리더다. 철새는 긴 여정을 위해 V자 대형을 만들어 이동한다. V자 대형은 공기 저항을 30% 낮추는 효과를 발휘한다. V자 대형의 선두 역할을 하는 철새는 다른 새들보다 더 많은 공기 저항을 받으며 천적의 위험도 무릅쓴다. 선두 새의 희생으로 안전한 여정이 완성된다. 리더는 제자리를 지키는 사람이 아니라, 다른 사람들을 지키며 함께 가는 사람이어야 한다.

4장

나를 지키는 대화 기술, 커뮤라이제이션

01 | 커뮤니케이션 기술의 전조등 효과

운전하면서 길을 지나던 중 육교에 붙은 문구가 시선을 사로잡았다.

"낮에 전조등을 켜면 교통사고가 19% 줄어듭니다."

전조등은 자동차나 오토바이 앞에 부착되어, 야간주행 시 앞을 비춰주는 전등이다. 그러나 낮에도 전조등을 켜는 간단한 동작 하나로 교통사고를 19%나 줄일 수 있다.

"쉽게 들어오면 쉽게 나간다(Easy come, easy go)"라는 말이 있다. 돈이나 애정을 나타낼 때 많이 사용하는 표현이다. 이 표현은 의사소통과 관련해서도 매우 중요하다. 대형서점에 가면 커뮤니케이션에 관한 수많은 책이 있지만, 대부분 지나치게 이론적이고 내용이 어렵다. 읽었지만 기억이 잘 나지 않기도 한다.

폭언과 같이 예측 불가한 상황에서의 커뮤니케이션 기술은 쉽게 머리에 들어와야 하고, 쉽게 활용할 수 있어야 한다. 그래야만 언어폭력 상황뿐만 아니라 예측 불가한 환경에서도 자기 생각을 쉽게 전달할 수 있다. 4장에서는 이 원리를 바탕으로 폭언을 예방하고 자신의 의견을 잘 전달할 수 있는 기술을 구상했다.

아인슈타인은 다음과 같이 말했다.

"최대한 간단하게 만들되 중요한 것은 놓치면 안 된다(Everything should be made as simple as possible, but not simpler)."

기존 커뮤니케이션 스킬의 어려움

커뮤니케이션

01 추상적이다.

02 스킬이 많다.

03 너무 어렵다.

04 효과를 느끼지 못한다.

① 추상적이다: 긍정적으로, 열정적으로, 밝게, 공감하라 등의 표현을 일컫는다.

② 스킬이 많다: 강의를 들을 때는 알겠으나 시간이 지나면 기억이 나지 않는다.

③ 너무 어렵다: 몇몇 이론은 영업하는 사람도 이해하기 어렵다.

④ 효과를 느끼지 못한다: 실력이 늘었나, 싶을 때가 많다.

02 절차 기억과 커뮤니케이션

　절차 기억(procedural memory)이란 "행위나 기술, 조작에 관한 기억으로서 수행할 수 있으면서도 쉽게 표현할 수 없는 지식을 표상한다".(《실험심리학용어사전》) 쉽게 말해 특정 작업도 우리의 의식을 방해하지 않고 할 수 있게 도와주는 장기 기억의 한 종류이다. 더 쉽게 말하면 무의식중에 떠오르는 기억이다. 예를 들어 달리기, 수영하기, 자전거 타기 등은 처음에 배우기 어렵지만 한 번 익히면 몸이 기억해 숙달된다. 절차 기억은 한번 익히면 다음에 쉽게 꺼내어 쓸 수 있는 기억이다.

　나는 영업과 마케팅을 경험하며 커뮤니케이션의 중요성을 체감했다. 서울, 경기, 대전, 대구, 광주, 부산 등 다양한 지역의 고객을 만났다. 내가 전달하고자 하는 메시지를 효과적으로 전할 수 있는 기술이 필요했다. 현존하는 커뮤니케이션 기술도 훌륭했지만 복잡하고 실제 현장에서 사용하기 어렵다는 아쉬움이 있었다. 복잡한 상황에서도 절차 기억을 바탕으로 내 의견을 논리적이고 효과적으로 전달하고 싶었다.

갑작스러운 질문을 받고 자기 의사를 잘 전달하지 못한 경험이 있을 것이다. 뒤돌아서 '아, 이렇게 말했어야 했는데…'라며 후회해본 적이 있을 것이다. 또는 논점에서 벗어난 말을 해본 경험도 있을 것이다. 이렇게 당혹스러운 상황에서 사용할 수 있는 커뮤니케이션 기술이 필요하다.

나는 여러 대학에서 커뮤니케이션 특강을 하며 학생들이 얼마나 말하기를 어려워하는지 목격했다. 하루는 그 어려움을 함께 극복해보고자 '자기가 잘 아는 분야의 주장이나 생각을 담은 스피치를 1분 안에 준비해서 1분 안에 말하기'를 제안했다. 그 결과 다수의 학생이 어려워하는 부분은 다음과 같았다.

①내가 전달하고자 내용이 명확하지 않다.
②전달하고자 하는 메시지를 논리적으로 구성하기 어렵다.
③주장에 따른 예시가 적절하지 않다.

①번의 경우는 메시지에 대한 고민과 경험이 없는 경우가 많다. 생각해보지 않은 분야에 대한 생각을 전달하는 건 어렵다.

①번을 제외하고 ②번과 ③번을 중심으로 역할극을 해보았다.

학생들은 자기 생각을 어떻게 전개해야 할지 어려워했다. 많은 학생이 떠오르는 대로 말했다. 갑작스러운 상황에서는 떠오르는 대로 말하는 경향이 있기 때문이다. 그러다 주저리주저리 말하게 되는 것이다. 적어도 이야기를 시작하기 전에 다음의 사항들을 생각해보면 좋겠다고 말했다.

①내 생각을 두괄식(또는 미괄식)으로 전달할 것인가?

②전하고자 하는 메시지의 근거는 어디에 있는 것인가?

③사용할 예시는 적절한가?

1분 안에 준비하고 1분 동안 말해야 하는 상황에서 앞의 3가지를 고민하는 것 자체가 어려웠을 것이다. 그러나 연습을 통해 이 3가지만이라도 쉽게 떠올려 말할 수 있게 된다면 논리적이고 효과적으로 자기 생각을 전달할 수 있다.

종이와 펜이 있다면 생각을 정리하는 데 도움이 된다. 가끔 종이와 펜이 없어도 자기 생각을 명확하게 전달해야 하는 상황에 처한다. 나는 이러한 상황에 효과적인 커뮤니케이션 기술을 개발했다. 앞으로 소개할 'LIB 스피치'는 짧은 시간에 내 생각을 논리적으로 전달하는 데 효과적이다. 실제 절차 기억을 바탕으로 개발된 LIB 스피치는 학생들에게 매우 효과가 높다는 평가를 받았다. 기존의 커뮤니케이션 기술은 추상적이고 따라 하기 어렵다고 생각한다. LIB 스피치는 머릿속에 쉽게 떠오르기 때문에 유용하다.

"쉽게 들어오면 쉽게 나간다."

커뮤니케이션 기술은 2E를 기반으로 해야 한다.

①Easy: 쉬워야 한다.

②Effective: 효과가 있어야 한다.

한 분야의 전문가가 되려면 10년이 필요하다는 말이 있다. 나 역시 10년 동안 다양한 고객을 만나고 어려운 상황을 접하면서 효과적인 커뮤니케이션 기술을 개발하고 싶어졌다. 이는 자연스럽게 최근 사회 쟁점인 언어폭력을 예방하고 정신 건강을 지키는 대화 방법에 대한 고민으로 이어졌다.

그래서 탄생한 것이 커뮤라이제이션이다. 커뮤라이제이션은 'Communication(의사소통)'과 'Visualization(시각화)'의 합성어로 커뮤니케이션의 시각화를 통해 다음의 2가지 목적을 달성하는 데 도움을 주고자 만들어졌다. 쉽게 말해 머릿속에 특정 이미지를 떠올리며 말하면, 더욱 효과적인 커뮤니케이션이 가능해진다.

①전하고자 하는 의견을 쉽고 효과적으로 전달한다.

②폭언에 대응해 자신을 보호한다.

이 책의 차례에서 보았듯이 커뮤라이제이션의 큰 맥락은 2가지다. 첫 번째는 나를 표현하는 커뮤니케이션 기술이고, 두 번째는 나를 지키는 커뮤니케이션 기술이다. 나 역시 직장 내 폭언으로 심신이 힘들었던 경험이 있다. 언어폭력과 관련하여 유명인사의 강의를 듣고 책을 읽고 정신 상담도 받아봤지만, 언어폭력의 피해를 완전히 극복하기는 어려웠다. 정신과 의사는 힘든 상황에 공감하고 위로하며, 폭언하는 사람과 헤어질 때까지 현명하게 잘 견디는 수밖에 없다고 조언해주었다.

그렇다면 어떻게 하는 것이 현명하게 견디는 걸까? 우선 언어폭력자를 이해해야 한다. 언어폭력자를 단순히 '나쁜 놈'이라고 인식하는 것이 아니라, 그가 하는 행동의 유형을 파악하고 왜 그렇게 행동하는지 그 배경을 이해해야 한다.

길거리를 지나가다가 우연히 마주친 개가 나를 향해 짖는다. 나는 무조건 두려워해야 할까? 개가 짖는 이유는 나를 경계하고 두려워하기 때문이다. 이럴 때는 개를 무서워하지 말고 피하면 된다. 절대 하지 않아야 하는 금기 행동 역시 알아야 한다. 그 개를 짖지 않게 하려고 가까이 다가가면 더 큰 일이 벌어질 수 있다. 지피지기면 백전백승, 나를 지키기 위해서는 상대를 알아야 한다.

커뮤라이제이션이란?

'Communication'과 'Visualization'의 합성어로
대화를 이미지화해서 언어폭력을 예방하고 논리 및 메시지를
상대에게 쉽게 전달하는 **새로운 커뮤니케이션** 기술입니다.

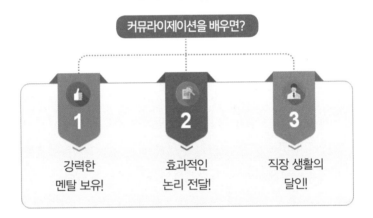

04 | 당신이 언어폭력자처럼
말해봐야 하는 이유

언어폭력자를 이해하기 위한 가장 쉬운 방법은 '역할극(role play)'이다. 자신이 언어폭력자가 되어보는 것이다. 대학 강의에서 학생들과 언어폭력자가 되어보는 역할극을 진행했었다. 이 책에 소개된 언어폭력자의 필살기를 상대에게 써봄으로써 언어폭력자에 대해 많은 것들을 알게 되었다. 연극영화과 학생이 역할극을 할 때는 내가 다 긴장할 정도로 완벽한 언어폭력자의 모습을 보여주었다. 반대로 마음이 여린 학생은 역할극에서도 나쁜 말을 뱉지 못했다.

마음이 여린 대개의 학생들은 언어폭력을 마주하면 상처를 더 많이 받는다. 이처럼 내향적인 학생들이 실제 사회에서 폭언을 들었을 때 "지금 저는 모욕감을 느꼈습니다" 또는 "앞으로 이런 말씀은 삼가세요!"라고 말할 수 있을까? 아마 말도 못하고 속으로만 앓을 것이다.

나는 초등학생 때 태권도 학원에 다녔다. 등원한 첫날 방어 방법이 아니라 기본 자세와 공격 방법을 배웠다. 성인이 되어서는 검도와 복싱을 배웠다. 역시 기본 자세와 공격 방법을 처음으로 배웠다. 공격을 위한 공격을 배우는 것이 아니다. 상대의 공격 방법을 익혀야 방어도 할 수 있는 것이다. 같은 맥락에서 언어폭력자의 필살기를 연습해봄으로써 폭언에 따른 정신적 피해를 최소화할 수 있다. 폭언 때문에 힘들어하는 당신, 언어폭력자 역할극을 해보자.

05 | 나를 표현하는 커뮤니케이션 기술

1) LIB 스피치

누구나 말을 잘하고 싶어 한다. 말을 잘하려면 여러 요소가 필요하다. 자신이 하고자 하는 말이 무엇인지 정확히 알고 있다면 반은 성공이다. 'LIB(Logic In Body speech) 스피치'는 전달하고자 하는 말을 쉽고 논리적으로 전달하는 기술이다.

환경은 항상 변한다. 일상적인 직장 생활을 하다 갑자기 언어폭력을 당하거나 승강기에서 임원을 만나게 되면 머릿속이 하얘져 할 말을 잃고 만다. 호랑이한테 물려가도 정신만 바짝 차리면 말을 유창하게 할 수 있을까? 정신만 바짝 차리면 내가 말하려는 메시지가 논리적으로 잘 전달될까?

나의 의사를 논리적으로 잘 전달하기 위해서는 사람들이 쉽

나를 표현하는 기술
LIB SPEECH

게 받아들일 수 있는 대화 양식 또는 구성이 있어야 한다. 그 구성에 맞게 이야기하는 연습을 하다 보면 어느 순간 논리적인 말하기가 될 것이다. 논리적으로 말하기와 글쓰기는 학생부터 직장인까지 모두에게 큰 관심거리다. 하지만 글을 많이 쓰고 말을 많이 하지 않는 이상, 그 실력이 쉽게 늘지는 않는다.

나는 다국적 회사에 근무하면서 한국의 엘리트이자 상위 1%라는 의사들을 대상으로 영업과 마케팅을 했다. 시간이 제한돼 있거나 당혹스러운 상황에서도 내가 전하려는 메시지를 제대로 전달하기 위해 고민하고 노력했다. 이러한 노력으로 사내에서 3회 연속 조기 승진을 달성하고 영업, 마케팅, B2B 등 다양한 분야에서 실력을 발휘할 기회를 잡았다.

LIB 스피치는 어떤 상황에서도 자신의 논리를 효과적으로 전달하는 데 도움을 준다. 특히 언어폭력 등 정신적 타격을 입은 상황에서 LIB 스피치가 도움이 될 것이다. LIB 스피치를 이용해 어떤 상황에서든 논리적으로 답변하면 무능력하다는 평가를 피할 수 있다.

LIB 스피치는 다양한 원리를 하나로 뭉쳐서 만들었다. 논리의 대가로 불리는 바바라 민토가 제시한 논리적으로 내용을 구성하는 방법, 두괄식 스피치의 장점, 파워포인트라는 시각 도구, 커뮤라이제이션의 핵심인 사람의 몸을 사용하는 방법 등 다양한 요소가 융합되어 탄생했다.

LIB 스피치 스킬

"사람의 형태가 제일 좋은 파워포인트 포맷이다."

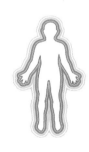

LIB 스피치 배경
① 쉽게 사용할 수 있는 답변 스킬이 필요하다.
② 우리는 대부분 사람을 보며 이야기한다.
③ 사람의 형태가 제일 좋은 포맷이다.

LIB 스피치 장점
① 나의 메시지를 분명하게 전달할 수 있다.
② 파워포인트 슬라이드가 없어도 가능하다.
③ 갑작스런 질문에도 당황하지 않는다.
④ 언제 어디서나 쉽게 사용할 수 있다.

(1)LIB 스피치 따라 하기

앞에서 말했듯 커뮤니케이션 스킬은 2E가 바탕이 되어야 한다. 즉 간단(Easy)하면서 효과적(Effective)이어야 한다. 이제 본격적으로 LIB 스피치 방법을 알아보자. 방법은 매우 간단하다. LIB 스피치는 다음과 같이 상대의 몸을 네 부분으로 나눠 각 부위를 보며 내용을 구성한다.

①머리: 주장
②가슴: 근거
③팔: 예시
④다리: 결론

구성은 두괄식이다. 두괄식은 내 주장을 좀 더 강하고 효과적으로 전달하는 데 유용하다. 주제, 주장, 결론 등 꼭 전달해야 할 메시지를 상대의 머리를 보며 이야기한다. 그리고 가슴을 보며 내 주장에 대한 근거를 제시한다. 그런 다음 팔을 보면서 근거에 해당하는 예시를 든다. 마지막으로 다리를 보며 지금까지 말한 것을 간략히 정리하거나 강조하고 싶은 부분을 다시 언급하며 마무리한다.

(※여기서 상대의 얼굴, 가슴, 팔, 다리를 본다는 것은 상대를 뚫어져라 응시하라는 것이 아니다. 그것은 논리적 구성을 돕기

위한 이미지일 뿐이다. 눈은 상대를 응시하되 파워포인트 슬라이드를 쳐다보듯 내용의 흐름을 만들어가라는 의미이다.)

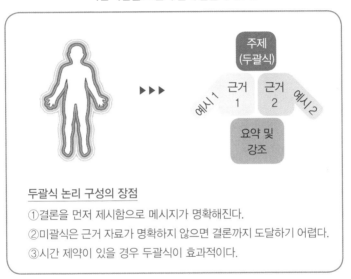

LIB 스피치 스킬

▼

"이젠 사람을 보면서 쉽게 말할 수 있다."

주제
(두괄식)

예시 1 근거 1 근거 2 예시 2

요약 및 강조

두괄식 논리 구성의 장점
①결론을 먼저 제시함으로 메시지가 명확해진다.
②미괄식은 근거 자료가 명확하지 않으면 결론까지 도달하기 어렵다.
③시간 제약이 있을 경우 두괄식이 효과적이다.

(2)LIB 스피치의 예시

이 과장은 우연히 사장과 같이 엘리베이터를 타게 되었다. 사장은 간단히 인사를 건넨 다음 최근 신제품에 관해 물어 왔다. 예상치 못한 질문에 이 과장은 어디서부터 이야기해야 할지 눈앞이 깜깜했다. 긍정적인 부분을 이야기해야 할지 부정적인 부분을 이야기해야 할지 모르겠다. 그때 지난번 배운 LIB 스피치가 생각났다. 사안이 급하다고 생각되는 부분부터 시작했다.

사장: 이 과장, 요즘 새로 출시된 A 제품에 대한 반응과 자네 생각은 어떤가?

이 과장: A 제품의 고객 반응은 90% 긍정적으로 나왔습니다. 경쟁사에서 낮은 가격으로 공격해 오고 있으나, 저는 A 제품의 가격을 절대 내려서는 안 된다고 생각합니다. S대학교 경영대학원 교수의 고견과 다른 회사의 가격 경쟁 사례를 살펴봤습니다. 모든 내용을 검토한 결과, 저가 경쟁은 양쪽 회사의 과다 출혈로 인해 큰 손실을 초래할 것으로 판단했습니다. 실제로 3년 전 우리 회사는 B 제품을 출시하고 가격을 낮춰 큰 영업 손실을 경험한 적이 있습니다. 이번 A 제품은 프리미엄 제품이라는 이미지로 고가인데도 그 가치를 충분히 인정받고 있습니다. 다시 한번 경쟁사에서 가격으로 공격해 와도 저희는 흔들리지 않아야 합니다. 그보다는 저희의 가치를 소비자들에게 더 잘 전달하기 위해 노력해야 한다는 것이 저의 생각입니다.

사장: 알겠네. 나 역시 같은 생각을 하고 있었는데 확신이 드는군. 이 과장 자네의 생각을 공유해줘서 고맙네.

이 과장은 짧은 시간에 효과적으로 자기 생각을 LIB 스피치를 통해 전달하였다. LIB 스피치 구성에 따라 이 과장의 답변을 살펴보자.

①머리: 주장

"A 제품의 고객 반응은 90% 긍정적으로 나왔습니다. 경쟁사에서 낮은 가격으로 공격해 오고 있으나, 저는 A 제품의 가격을 절대 내려서는 안 된다고 생각합니다."

②가슴: 근거

"S대학교 경영대학원 교수의 고견과 다른 회사의 가격 경쟁 케이스를 살펴봤습니다. 모든 내용을 검토한 결과, 저가 경쟁은 양쪽 회사의 과다 출혈로 인해 큰 손실을 초래할 것으로 판단했습니다."

③팔: 예시

"실제로 3년 전 우리 회사는 B 제품을 출시하고 가격을 낮춰 큰 영업 손실을 경험한 적이 있습니다."

④다리: 결론

"이번 A 제품은 프리미엄 제품이라는 이미지로 고가인데도 그 가치를 충분히 인정받고 있습니다. 다시 한번 경쟁사에서 가격으로 공격해 와도 저희는 흔들리지 않아야 합니다. 그보다는 저희의 가치를 소비자들에게 더 잘 전달하기 위해 노력해야 한다는 것이 저의 생각입니다."

이 과장은 사장의 눈을 바라보며 자기 생각을 펼쳤다. '머리 → 가슴 → 팔 → 다리' 순서로 생각의 흐름을 논리적으로 풀어 나갔다.

LIB 스피치의 원리는 매우 간단하다. 누구나 한 번만 들으면 실생활에 바로 적용할 수 있다. 오늘부터 LIB 스피치로 내 의사를 명확하게 전달해보자.

2) 오조준 커뮤니케이션

이번에는 또 다른 전달 기술인 오조준 커뮤니케이션에 대해 알아보자. 사회생활을 하다 보면 '반대를 위한 반대'를 하는 사람들을 보곤 한다. 반대를 위한 반대란 상대 의견의 적정성과

합리성을 검토하지 않고 무조건 반대하는 것을 말한다. 예를 들어 귀갓길로 짧은 A 코스와 거리가 먼 B 코스가 있다고 하자. 누구나 A 코스를 선택할 것이다. 그런데 누군가가 계속해서 A 코스를 막아 B 코스로 가게 한다면, 이것은 지속적인 괴롭힘이 분명하다. 반대를 위한 반대 역시 객관적으로 폭언이라고 할 수는 없지만, 갑의 위치에 있는 사람이 무조건 반대한다면 폭언의 작은 범주로 괴롭힘일 수 있다.

그렇다면 왜 반대를 위한 반대를 하는 것일까? 반대를 위한 반대를 하는 사람은 다음과 같은 유형으로 나눌 수 있다.

①생존을 위한 반대: 상대의 의견을 인정하는 순간 자신의 경쟁력이 떨어진다.

②집단을 위한 반대: 자신이 속한 집단의 정치 성향을 따라야만 한다.

③괴롭히기 위한 반대: 상대가 마음에 들지 않는다. 혹은 상대에게 본때를 보여줘야 한다.

④권위를 지키기 위한 반대: 쉽게 인정하면 자신의 권위가 떨어질 것이다.

⑤책임회피를 위한 반대: 책임 소재를 피해야 한다.

⑥답을 고수하기 위한 반대: 아무리 설득해봤자 답은 정해져 있다.

언어폭력을 자주 하는 갑이 반대를 위한 반대를 하다 보면 폭언을 하기 쉬워진다.

김 대리는 회사에서 유능하기로 소문이 났다. 그래서 사람들은 그에게 관심을 갖고 지켜보고 있다. 김 대리는 진행 중인 프로젝트의 A안과 B안을 놓고 고심했다. 여러 데이터를 분석한 결과 A안으로 결정하여 최 부장에게 보고했다. 최 부장은 평소 잘나가는 김 대리가 탐탁지 않았다. 게다가 아끼는 직원이 따로 있었다. 최 부장은 대충 제안서를 살펴보더니 이렇게 이야기했다.

"많이 고민한 게 결국 이건가? 내가 보기엔 B안이 더 효율적일 것 같은데? 더 고민해봐."

김 대리는 며칠을 더 고민한 뒤 A안을 수정하여 다시 제출했다. 그러나 다음과 같은 답이 돌아왔다.

"그렇게 눈치가 없나? 내가 더 고민해보라고 한 건 당신이 상처받을까 봐 돌려서 말한 거야. 눈치가 없는 거야? 능력이 없는 거야?"

결국 김 대리는 B안을 제출하여 최 부장에게 프로젝트 수락을 받았다. 그러나 그 프로젝트는 최종적으로 실패하고 말았다. 그 후 최 부장은 김 대리가 '눈치도 없고 능력도 없는 인간'이라며 떠들고 다녔다.

이처럼 우리는 반대를 위한 반대를 종종 경험한다. 그렇다면 앞의 상황을 좀 더 현명하게 해결할 방법은 없을까? 나는 반대를 위한 반대를 하는 사람을 만나 '오조준 커뮤니케이션' 기술을 써서 큰 효과를 보았다.

'오조준'이란 사격이나 양궁 또는 골프에서 주로 사용하는 단어다. 사격이나 양궁의 목표는 목표물을 정확히 관통하는 것이다. 그러나 사격 환경은 시시각각 변화한다. 바람이 불규칙하게 불거나 습도가 높거나 주변이 시끄러워서 집중하기 어려울 때가 있다. 바람이 전혀 불지 않으면 과녁의 가운데를 조준해서 사격(정조준)하면 된다. 그러나 바람이 오른쪽에서 왼쪽으로 강하게 불면 조준을 오른쪽으로 옮겨서 사격(오조준)해야 바람을 타서 목표에 명중할 수 있다.

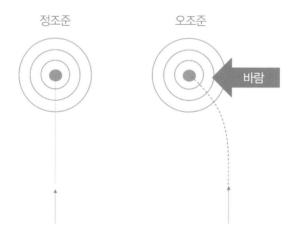

반대를 위한 반대를 하는 사람도 다음과 같은 2가지 성향을 보인다.

①무조건 모든 것에 반대한다.

②전체적으로 반대하지만, 일부는 수용한다.

(1)반대를 위한 반대에 맞서는 오조준 커뮤니케이션

무조건 모든 것에 반대하는 사람에게는 다음의 방법을 사용해보길 권한다.

①당신이 낸 의견 10개 중 8~9개를 반대한 상사가 있다면 그 이유를 헤아려본다. 상사가 불합리한 이유로 반대를 위한 반대를 하고 있다면, (어차피 또 반대할 테니 크게 잃을 게 없다는 생각으로) 오조준 커뮤니케이션을 준비해보자.

②당신의 의견을 공식 석상에서 제안하지 않고, 사전에 의사결정권이 있는 상사에게 슬쩍 흘려본다. 공식 석상에서 제안했다가는 당신의 소중한 의견이 매장될 수 있다. 상사가 예상대로 고민도 안 하고 당신의 의견에 부정적인 의견을 낸다면, 당신은 논리적인 A안과 설득력이 약한 B안을 준비한다. 약간의 시차를 두고 상사를 찾아간다.

③논리적인 A안과 설득력이 약한 B안에 대해 설명하면서 B안을 강력하게 제안한다. 그러면 상사는 설득력이 약한 B안을 헐뜯으며 A안을 선택하게 할 것이다.

④그리고 공식적인 미팅 자리에서는 A안을 적극적으로 제안

한다. 추후 반대를 위한 반대를 방지하기 위해 A안에 대해 조언을 아낌없이 해준 상사에 대한 고마움을 언급하며 마무리한다.

최 과장은 내년도 마케팅 전략을 수립했다. 잦은 야근을 하며 열심히 노력했다. 하지만 한편으로 매번 미팅 자리에서 최 과장의 의견에 반대하는 김 이사가 걱정되었다. 이유가 어찌 되었든 최 과장이 원하는 방향으로 가지 않으면 회사 매출은 감소할 것이 분명했다. 그리고 김 이사가 원하는 방향대로 가더라도, 그 책임은 최 과장이 져야 했다. 그래서 매번 반대하는 이사를 설득하기 위해 오조준 커뮤니케이션을 사용했다.

공식 미팅 전에 최 과장은 커피 한잔을 들고 김 이사의 방을 찾았다. 조언을 구한다고 하면서 자신이 주장하는 프로젝트 A안과 오조준 B안을 설명했다. 그리고 자연스럽게 오조준 B안을 김 이사에게 제안했다. 역시나 예상대로 김 이사는 별다른 고민 없이 A안이 더 좋아 보인다고 했다. 이에 최 과장은 "역시 이사님 의견에 설득력이 있는 것 같습니다. A안으로 잘 준비해보겠습니다"라고 말한 뒤 방에서 나왔다. 그 뒤 최 과장은 A안을 잘 진행해 성공적인 결과를 얻었다.

만약 최 과장이 공식 미팅에서 갑자기 A안을 제안했다면 매번 반대를 위한 반대를 하는 김 이사가 무조건 반대하여 곤란해졌을 것이다. 반대를 위한 반대 앞에선 철저한 준비와 논리도

소용없기 때문이다.

(2)부분적인 반대에 맞서는 오조준 커뮤니케이션

이번에는 전체적으로 반대하지만, 일부는 수용하는 사람에게 사용할 수 있는 방법이다. 일명 부분적인 오조준 커뮤니케이션 방법이다.

박 대리는 팀장, 팀원들과 같이 여행을 떠났다. 아침 일찍 출발하자고 제안했으나 팀장은 일찍 가서 뭐하느냐며 저녁 시간에 맞춰서 가자고 했다. 박 대리는 그러면 마트에서 장을 먼저 보겠다고 했다. 팀장은 "뭐가 그리 급하냐, 혼자 밥 먹으러 가냐?"라며 비난했다. 박 대리 팀은 저녁 식사 때가 되어서야 펜션에 도착했다. 배고픈 팀원들을 위해 박 대리는 팀장에게 부분적 오조준 커뮤니케이션을 사용했다. 부분적 오조준 커뮤니케이션은 상대에게 선택지를 주고 고르라고 하는 방법이다. 부분적 오조준 커뮤니케이션을 적용하지 않은 사례 A를 살펴보자.

박 대리: 팀장님, 다들 배고픈 것 같습니다. 제가 마트에 가서 장 좀 봐도 되겠습니까?

팀장: 뭐야! 내가 팀원들 굶게 한 거 같잖아? 그냥 근처 식당에서 사 먹자.

박 대리: 내일 아침도 먹어야 해서 마트에 다녀오긴 해야 합

니다만….

팀장: 그럼 내일 아침 일찍 박 대리가 마트 다녀와.

박 대리: 마트가 아침에 일찍 문을 안 열 것 같아서요.

팀장: 알았어! 다녀와!

박 대리는 팀을 위해 봉사하는 것인데, 어째 팀장과 찜찜한 대화만 나눈 것 같다. 부분적 오조준 커뮤니케이션을 적용한 사례 B를 살펴보자.

박 대리: 팀장님, 팀원들이 다들 배고픈 것 같아서 마트에 가려고 합니다. 팀장님 닭고기나 소고기 중에 뭐 좋아하세요? 닭고기도 괜찮을 것 같고….

팀장: 닭고기는 요리하는 데 오래 걸리잖아. 그냥 소고기 구워 먹는 게 빠르니까 소고기 사 와.

박 대리: 맥주 괜찮으세요?

팀장: 소고기에 누가 맥주 마시냐? 소주 사 와.

박 대리: 네, 알겠습니다.

흔히 '답정너(답은 정해져 있고 넌 대답만 하면 돼)' 스타일의 사람에게 사용하면 효과적인 방법이다. 답은 정해져 있으니 질문을 어떻게 할지가 매우 중요하다. 내가 정한 방향에 관한 선택지는 주지 않으면 된다. 다음의 그림을 보면 이해하기 쉬울 것이다.

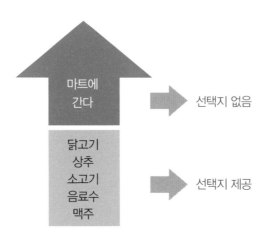

B 사례의 부분적 오조준 커뮤니케이션을 적용한 박 대리는 마트에 갈지 말지를 묻지 않았다. 무엇을 먹을지 선택지를 제시하여 '마트에 간다'라는 목적을 달성한 것이다.

실제로 답정너 스타일의 사람을 만나면 의견이 달라 인간관계까지 나빠질 때가 있다. 이때 부분적 오조준 커뮤니케이션을 사용하면 자신이 원하는 방향으로 가는 데 도움이 된다.

① 상대가 반대를 위한 반대를 하는 이유를 파악한다.

② 전체를 무조건 반대하는 사람인지, 일부는 수용하는 사람인지 분석한다.

③ 상대가 의사결정권자이면, 공식적인 미팅에서 제안하지 말고 개인적으로 찾아가 사전에 오조준 커뮤니케이션을 통해 내가 원하는 방향으로 결정한다.

④ 공식적인 미팅에서 내 의견이 좋은 피드백을 받으면 추후 반대를 위한 반대를 방지하고자 의사결정권자에 대한 감사의 마음을 전한다.

⑤ 지름길로 가야 하는 것이 당연하지만, 큰 장애물이 있다면 정면 돌파보단 돌아가는 지혜도 필요하다.

3) FIT 스피치

상대에게 내가 하려는 말을 강조하고 싶다. 어떻게 해야 할까? 주변에서 흔히 볼 수 있는 방법으로 다음의 4가지가 있다.

① 정색하고 말하기.

② 큰 목소리로 말하기.

③ 감정을 상하게 하면서 말하기(비난, 욕설, 조롱 등).

④ 권위를 통해 상대를 압박하며 말하기(겁주기).

이렇게 부정적인 방법으로 메시지를 전달하다 보면 상대에게 상처와 오해를 줄 수 있다. 사람 사이의 상처와 오해는 업무 효율을 떨어트리고 같은 실수를 반복하게 할 수도 있다. 누군가는 여전히 '10마디 설명보다 매가 효과적'이라고 생각하겠지만, 장기적으로 이 방법은 효과적이지 않다. 지금의 언어 환경은 빠르게 변화하고 있다. 대면 대화가 아닌 비대면 대화가 보편화될수록 언어로 인한 오해와 상처는 더 많이 발생할 수 있기에 효율적인 메시지 전달 방법이 필요하다.

긍정적으로는 상대를 인정·격려·칭찬·이해하며 내 메시지를 강조하는 방법이 있지만, 상황이 좋지 않으면 인정하고 격려하기가 쉽지 않다. 그렇다 보니 앞서 말한 부정적인 방법이 빈번히 사용되기도 한다. 이럴 때 적합한(FIT) 방법인 FIT 스피치를 소개해본다.

(1)FIT 스피치 따라 하기

'FIT 스피치'는 나의 감정을 담지 않고 상대에게 나의 의견을 강조함으로써 듣는 상대 역시 감정적인 낭비를 하지 않고 메시지에만 집중할 수 있게 도와준다. FIT는 충분히 이해시키기(Full of understanding), 중요도 순서 매기기(Importance labeling), 정확한 시간 요청하기(Time line)의 약어이다.

첫 번째, 충분히 이해시키기(Full of understanding)

무언가를 강조할 때는 왜 강조하게 되었는지에 대한 충분한 설명이 필요하다. 예를 들어, "지각하지 말라"라고 강조하고 싶을 때 "또 지각이야?", " 사람이 변하면 죽지", " 제발 늦지 좀 마!" 하는 식으로 말을 시작할 수 있지만, 이러한 방법은 효과적이지 않다. 매일 위기라고 외치면 정작 위기가 왔을 때 둔감하게 대응하는 것처럼, 매번 소리치고 닦달하면 순간적인 효과는 볼 수 있겠지만 내성이 생길 수도 있다. 그래서 내가 전달하고자 하는 메시지의 상황을 상대에게 충분히 설명하는 것이 중요하다. 설명하려면 귀찮고 시간이 오래 걸린다는 선입견이 있다. 하지만 효과적이지 않은 방법으로 메시지를 자주 전달하다 보면, 이로 인한 반복된 실수로 에너지 손실이 더 크다. 그래서 충분히 이해시키는 것이 필요하다.

그렇다면 어떻게 해야 충분히 이해시킬 수 있을까? 'B2B 기법'을 사용하면 된다.

B2B 기법은 내 생각을 상대의 머릿속에(Brain to Brain) 넣기 위한, 즉 이해시키기 위한 간단한 방법이라고 기억하면 좋다. 방법은 다음과 같다.

- B: 배경(Back ground) 설명하기
- 2: 2가지로 정리하기

- B: 브레인스토밍(Brain storming) 유도하기

예를 들어 매번 독단적으로 행동하는 직원이 있다고 해보자. 이 직원에게 독단적으로 결정하지 말고 팀원들과 대화를 통해 결정해야 하는 이유를 설명하고 싶다.

- B: 배경 설명하기

"김 대리, 우리 이번 프로젝트를 김 대리가 이끌고 가느라 고생이 많아. 이번 프로젝트는 회사에서 성공 사례로 함께 만들고 싶어. 이번 프로젝트는 성공시키는 것도 중요하지만, 팀원들의 아이디어가 얼마나 반영되었는지도 평가 사항에 들어 있어. 개인의 역량도 중요하지만 팀워크를 평가하는 프로젝트인 만큼 잘 이끌어줘."

- 2: 2가지로 정리하기

"다시 말하지만 첫째, 이번 프로젝트는 개인의 역량이 아닌 팀워크 평가라는 점, 두 번째로는 김 대리가 팀원들의 참여를 잘 이끌어줬으면 좋겠다는 거 기억해줘."

- B: 브레인스토밍 유도하기

"김 대리, 이번 프로젝트에 팀원들을 적극적으로 참여시킬 방

법이 있을까?

김 대리는 독단적으로 행동하면 안 되는 배경 이야기를 들었다. 또한 이를 2가지로 정리해 들어 명심하게 되었다. 마지막으로 본인의 아이디어를 제시할 기회를 얻음으로써 주어진 상황에 대해 고민해볼 수 있게 되었다.

"지난번처럼 당신 혼자 프로젝트를 진행하지 말고, 팀원들이랑 같이 진행해!"

이런 표현은 누구나 할 수 있다. 그래서 효과적이지 않다. 상대를 생각에 참여시키고 고민해야 더욱 더 좋은 결과를 가져올 수 있음을 명심해야 한다.

두 번째, 중요도 순서 매기기(Importance labeling)

업무를 지시하거나 지시를 받을 때 '중요하다'는 표현이 자주 등장한다. 그러나 급한 일과 중요한 일을 구분하지 못하는 경우가 종종 있다. 급한 일과 중요한 일은 같을 수도 있고 다를 수도 있다. 그로 인해 실제 현장에서 가장 많이 하는 실수가 다음의 2가지일 것이다.

– 중요하다고 한 일을 우선으로 처리하다 더 급한 일을 놓친 경우

- 급하다는 말에 중요한 일이라 판단해 많은 시간을 허비한 경우

한국 사회에서는 '빨리빨리'가 강조되다 보니, 급한 일과 중요한 일을 구분하지 못하고 눈앞의 일만 처리하기 급급하기 쉽다. 이에 내가 강조하고 싶은 메시지가 있다면 상대에게 중요도를 문서로 제시하거나 구두로 언급해주는 게 좋다.

예를 들어 "이번 프로젝트는 중요도 A, B, C라면 A급이야"라고 말해준다거나, "프로젝트명: 팀워크를 통한 상품 개발/ 중요도: A/ 마감일: 8월 19일 오후 1시"라고 적은 문서를 전달해주는 것이다.

이렇게 지시를 받는 사람은 중요도와 마감일을 생각해서 일정을 조율하고 어디에 집중해야 할지 쉽게 판단할 수 있다. 내가 시키는 일은 다 중요하다라고 생각하는 순간 직원들의 몰입도 역시 하향 평준된다는 사실을 기억해야 한다.

세 번째, 정확한 시간 요청하기(Time line)

중요도의 순서를 매겨주었다면 언제까지 업무가 마감되어야 하는지 정확한 시간을 요청하는 것이 좋다. "빨리해줘", "가능한 한 빨리 ASAP", "시간 될 때 부탁해", "목요일까지", "오후까지" 등의 추상적인 표현은 상대에 따라 그 의미가 달라지기 때

문이다. "목요일 오전 11시까지", "6월 30일 오후 2시까지" 등 상대와 시간을 상의해서 명확하게 정하는 것이 좋다. 시간을 명확하게 제시하는 게 냉정해 보일 수 있지만, 오히려 불필요한 논쟁을 피할 수 있다. 내가 전달하고자 하는 중요도 높은 업무에 명확한 처리 시간을 제시함으로써 메시지를 강조할 수 있다.

불필요한 논쟁의 예

A: 지난번 제가 요청한 보고서 오늘 오후까지라고 했는데 다 되었나요?

B: 전 오후라고 생각해서 퇴근하기 전까지만 보내드리면 되는 줄 알았어요.

A: 오후라고 하면 보통 오전까진 보내주지 않나요? 무슨 일을 그렇게 불안하게 해요?

B: 죄송합니다. 다음엔 미리 전달해드리겠습니다.

┤ 정리 ├

① 충분히 이해시키기(B2B 기법)

② 중요도 순서 매기기

③ 정확한 시간 요청 하기

(2) FIT 스피치 예시

김 부장: 박 과장, 이번 3분기 시장 보고는 박 과장이 직접 작성 부탁해.

박 과장: 네. 부장님, 혹시 특별히 요청하실 부분이 있으신가요?

김 부장: 이번 시장 보고는 사장님께 직접 보고되고 이 자료를 바탕으로 마케팅 전략이 수립되기 때문에 신경 써서 작성해야 할 거야. 다시 말하지만, 첫 번째로 사장님이 직접 검토하신다는 점, 두 번째로는 마케팅 전략에 영향을 끼친다는 점, 기억해줘.

박 과장: 네 부장님, 부담스럽지만 잘 준비해보겠습니다.

김 부장: 혹시 박 과장 시장 보고에 가장 강조하고 싶은 것이 뭔지 생각해둔 것 있나?

박 과장: 현재 경쟁 제품의 소비자 분석과 추후 예상 시나리오를 고민 중입니다.

김 부장: 그래, 고민해보고 언제든지 편하게 이야기해줘. 이번 시장 보고는 올해 보고되는 시장 보고 중에 중요도 A급 보고서라 나도 긴장되네. 1차 시장 보고서는 1주 후인 7월 14일 오전 11시까지 내 메일로 보고 부탁해. 보고 같이 논의하자.

박 과장: 네, 부장님. 작성해서 말씀하신 시간 전에 전달해드리겠습니다.

앞의 대화처럼 길게 말하지 않고도 FIT에 맞게 의사를 전달한다면 내가 전달하고자 하는 메시지를 충분히 강조할 수 있다. 우리가 듣는 음악에는 발라드, 댄스, 힙합, 록 등 다양한 장르가 존재하고 사람마다 선호하는 장르가 다르다. 하지만 음악이라는 큰 틀에서는 형식과 대중이 쉽게 받아들일 수 있는 방법이 존재한다. 대화도 마찬가지다. 대화 방식은 개인의 성격과 경험에 따라 다양할 수 있다. 다만 대중이 쉽게 받아들일 수 있는 어느 정도의 형식이 존재하는 대화는 어디서나 유용할 수 있다. 이런 의미에서 FIT 스피치는 무작정 소리치거나 짜증 내며 두서없이 내 메시지를 강조하는 불쾌한 대화를 대체할 좋은 방법이다.

06 | 나를 지키는 커뮤니케이션

1) 핑거 리스닝

"아, 상사가 말도 안 되는 걸로 우기는데 미치겠어. 욕만 안 했지 진짜 짜증 난다니까."

친구나 동료에게 불만을 털어놓으면 종종 이런 답변이 돌아온다.

"그냥 흘려들어."

갑자기 이런 생각이 들었다. 흘려들으라고? 내 안에 짜증이 남아 있다면 난 아직도 흘려듣는 법을 모르는 걸까? 그렇다면 흘려듣기는 어떻게 하는 것일까? 자라면서 집중해서 듣는 법이나 경청하는 법은 배운 적이 있지만, 흘려듣는 방법은 배운 적이 없다. 그런데 사회에 나와 보니 흘려들을 줄도 알아야 하

핑거 리스닝 스킬

▼

"귀로 듣지 말고 손으로 들어라!"

핑거 리스닝 스킬 장점

① 핵심 메시지와 꼰대 필살기를 구분할 수 있다.

② 감정적인 손상을 줄일 수 있다.

③ 언제 어디서나 쉽게 사용할 수 있다.

④ 쿨한 성격의 소유자로 변신할 수 있다.

는 상황이 많았다. 그렇다면 흘려듣는 방법도 배워야 하지 않을까? 흘려듣는 방법을 알아보기 전에 경청하는 방법을 정리하고 넘어가자.

- 상대와 눈을 맞춘다.

- 상대의 이야기에 고개를 끄덕인다.

- 상대의 마지막 말을 따라 한다.

    (예, 상대: 지난주에 나 BTS 봤잖아/ 나: BTS 봤어?)

반대로 흘려듣는 방법에는 무엇이 있을까? "그냥 흘려듣는 거지"라고 말하기엔 지금까지 흘려들은 결과가 대부분 좋지 않다. 흘려듣지 못해 받은 스트레스를 푸는 방법은 다양하다. 술로 푸는 사람도 있고, 운동 등으로 해결하는 사람도 있지만, 사전에 흘려들을 수 있다면 술과 담배같이 건강을 해치는 방법으로 스트레스를 풀지 않아도 될 것이다. 악성 댓글이나 언어폭력을 당해 힘들어하는 많은 사람이 흘려듣는 것을 잘하지 못한다. 당연히 흘려듣는 건 쉽지 않다. 하지만 흘려들으려는 노력은 필요하다. 흘려듣기를 잘하게 되면 언어폭력으로 인한 자살과 같은 치명적인 피해를 줄일 수 있지 않을까?

흘려듣기의 대표적인 방법으로 핑거 리스닝(Finger listening)을 소개한다. 핑거 리스닝은 마스크와 같다. 마스크는 오염된 공기로부터 우리의 호흡기를 보호한다. 핑거 리스닝은 핵심 메시지와 언어폭력을 분리한다. 쉽게 말해, 폭언은 흘려듣고 언어폭력자가 전달하고자 하는 핵심 메시지만 기억하는 것이다.

핑거 리스닝은 손을 사용하는 방법이다. 손을 사용함으로써 감정 소모를 줄일 수 있다. 왜 폭언을 손으로 들어야 할까? 언어폭력은 귀와 마음으로 들을 가치가 없기 때문이다. 우리는 귀를 통해 사랑하는 사람의 목소리, 좋아하는 음악, 반려동물의 소리 등 소중한 것을 듣는다. 지금, 이 순간부터 가치 있다고 생각하는 소리는 귀와 마음으로 듣고, 가치 없다고 여겨지는 말들은 흘려듣는 연습을 해보자.

(1) 필터링하기

"한쪽 귀로 듣고 한쪽 귀로 흘려라"라는 말이 있다. 그러나 이 말대로 하기는 쉽지 않다. 어른의 말은 새겨들어야 한다고 교육받은 사람일수록 더 어렵다. 폭언을 당한 경험이 있거나 폭언 예방법을 알지 못하는 사람들에게 폭언은 치명적이다. 그들에게는 '필터링(filtering)' 즉 필요한 정보만 취하고 나머지 소리는 걸러내는 과정이 필요하다. 필터링을 하지 않으면 어떻게 되는지 이 과장의 사례를 통해 알아보자.

김 이사는 이번에 마케팅팀으로 발령받은 이 과장과 함께 새로운 일을 시작한다. 김 이사는 초반에 부하 직원의 기선을 제압하는 것이 중요하다고 생각한다. 이에 보고서로 트집 잡아 이 과장을 확실하게 복종시키려 한다.

김 이사: 이 과장, 지난번에 말한 전략 보고서 가져와봐!

이 과장: 네, 이사님. 바로 보고 드리겠습니다.

김 이사: 이 과장! 이걸 보고서라고 만들었어? 능력이 없으면 눈치라도 있어야 할 것 아냐?

이 과장: 죄송합니다. 어떤 부분이 문제인지 말씀해주시겠습니까?

김 이사: 당신은 꼭 보고서를 제출 기한 당일에 보고하던데 좀 미리 보고할 수 없나? 당신이 신입사원이야? 창피한 줄 알아!

이런 식으로 할 거면 과장 자리 김 대리한테 줘! 능력도 없는 게 무슨 과장이라고. 참….

김 이사는 보고서를 이 과장에게 던져버렸다. 이 과장의 마음은 찢어질듯 아팠다. 지금까지 회사를 위해 앞만 보고 달려왔다. 가정에는 신경 쓰지 못했지만 직장에서는 프로답다고 자부해왔다. 김 이사의 능력 없다는 말에 모든 것이 무너져 내리는 것 같았다. 이 과장은 보고서를 다시 작성해야 했다. 그런데 태어나 처음으로 폭언을 당하고 나니 무력감과 우울감이 가득 차올랐다. 우울한 생각이 끊이지 않았다. 그러다 1시간이 지나버렸다. 김 이사는 이 과장을 다시 불러 어디까지 진전되었는지 확인했다. 김 이사는 보고서가 많이 진전하지 못한 것을 보고 다시 폭언을 퍼부었다.

만약 이 과장이 폭언 예방법이나 대응법을 조금이나마 알고 있었다면 다른 생각을 하지 않고 업무에 집중하기 쉬웠을 것이다. 필터링은 감정 소모를 최소화하는 데 도움을 준다. 사람은 감정의 동물이기에 아무리 이성적이라고 해도 폭언 앞에서 무너지게 된다. 그렇다면 앞의 대화를 핵심 메시지와 폭언으로 필터링해보자.

– 핵심 메시지

김 이사: 당신은 꼭 보고서를 제출 기한 당일에 보고하던데 좀 미리 보고할 수 없나? ⇒ 제출 기한 전에 보고할 것.

– 꼰대의 다섯 가지 필살기(왜곡하기, 말꼬리 잡기, 망신 주기, 비교하기, 폄하하기)

김 이사: 이 과장! 이걸 보고서라고 만들었어? 능력이 없으면 눈치라도 있어야 할 것 아냐?

김 이사: 당신이 신입사원이야? 창피한 줄 알아! 이런 식으로 할 거면 과장 자리 김 대리한테 줘! 능력도 없는 게 무슨 과장이라고. 참….″

《물은 답을 알고 있다》라는 책을 보면 긍정적인 표현과 부정적인 표현에 따라 물의 결정체가 변화하는 것을 알 수 있다. 우리 몸의 70%를 구성하는 수분 역시 표현에 따라 변화할 수 있다고 주장한다. 그렇다. 옆에 있는 사람이 짜증 나는 말이나 불평불만을 하면 나 역시 그런 감정에 휩싸이기 쉽다. 우리는 감정을 가진 사람이며, 환경의 영향을 받는 사람이기 때문이다. 따라서 부정적인 표현과 감정을 방어하는 것이 중요하다. 누군가 나쁜 감정을 내게 주어도 내가 받지 않으면 감정 변화를 최소화할 수 있다.

(2)핑거 리스닝 따라 하기

핑거 리스닝은 앞서 설명한 것과 같이 정보와 폭언을 분리하여 손으로 듣는 것이다. 왜 하필 손으로 들어야 할까? 궁금할 것이다. 2가지 이유가 있다. 첫 번째, 손은 빠르게 사용할 수 있다. 두 번째, 손가락은 이미지화하기에 좋다. 아이를 키워본 사람은 두 번째 이유를 쉽게 이해할 수 있다. 말을 조금씩 배우기 시작하는 2~3살 아이에게는 손가락을 써서 쉽게 설명한다. 예를 들어 "이것", "저것", "두 개", "다섯 개" 등의 단어를 손가락으로 이미지화하면 금방 배우게 된다.

손가락은 어떠한 도구보다 정보를 이미지화하는 데 효과적이다. 책상 밑에서, 무릎 위에서, 주머니 안에서, 차려 자세에서 상대의 눈에 띄지 않게 사용할 수 있다는 장점도 있다. 그럼 한번 따라 해보자. 3분이면 이 방법을 충분히 익힐 수 있다.

①상대의 폭언이 시작되면 살짝 주먹을 쥔다.

②그 상태에서 폭언 가운데 정말 중요한 정보가 들리면 엄지를 들어 기억한다.

③꼰대의 5가지 필살기인 왜곡하기, 말꼬리 잡기, 망신 주기, 비교하기, 폄하하기 등 받아들이지 않아도 되는 말은 엄지를 제외한 나머지 손가락에 담는다.

④상대와 대화가 끝나면 엄지에 담은 정보만 기억한다. 나머지

네 손가락에 담은 말은 해가 되는 것이라 생각하고 버린다.

⑤엄지에 담은 정보만 기억하여 업무에 적용한다. 상사가 요구한 업무를 바로 처리한다.

⑥꼰대 상사의 욕설이나 폄하 때문에 마음이 어지럽고 화가 나서 집중이 되지 않는다면, '폭언을 받아들이면 내 마음이 병든다'라고 생각한다. 다시 한번 엄지에 담은 메시지만 기억한다.

⑦폭언하는 상대의 말을 흘려듣는다고 상대까지 무시하면 행동으로 드러나기 때문에 더 큰 어려움을 겪을 수 있다.

핑거 리스닝 스킬
▼

상대의 이야기를 들으며 손가락으로 숫자를 세듯, 엄지에 핵심 메시지를 넣어 기억한다. 나머지 불필요한 말들은 아래 손가락에 넣어 필터링을 한다. **엄지 메시지만 기억!**

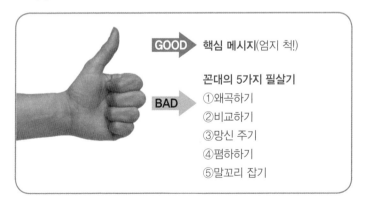

GOOD ▶ **핵심 메시지**(엄지 척!)

꼰대의 5가지 필살기
①왜곡하기
②비교하기
BAD ▶ ③망신 주기
④폄하하기
⑤말꼬리 잡기

2) LCC 기술

상대의 몸 상태가 좋은지 안 좋은지를 어떻게 알까? 표정이나 안색, 거동을 보면 알 수 있다. 상대의 언어 컨디션은 어떻게 알까? 언어 컨디션이 좋지 않으면 말이 거칠게 나온다. 언어 컨디션은 몸 컨디션과 상관이 없다. 몸 컨디션이 좋아도 갑작스럽게 스트레스를 받아 언어 컨디션이 최악이 될 수 있다. 언어 컨디션이 좋지 않은 언어폭력자를 피할 수 있다면 그의 희생양이 되지 않을 수 있다.

언어폭력자 차 과장은 아내와 싸움을 하고 화가 머리끝까지 난 상태에서 회사에 출근했다. 누구든 걸리기만 하면 가만두지 않겠다고 생각하던 중에, 차 과장의 언어 온도를 알지 못한 이 대리가 말을 걸었다.

이 대리: 차 과장님, 안녕하세요?

차 과장: 어. 무슨 일이야?

이 대리: 지난주에 요청하신 분기별 지출 보고서 다 작성해서요. 차 과장님 메일로 보냈습니다.

차 과장: 이 대리. 내가 요청한 게 지난주인데 이제 보내고서는 미안한 마음도 없이 뭐가 그리 기뻐? 회사가 장난이야? 앞으로 내가 지시하면, 가능하면 3일 안에 보고해. 알았어?

이 대리: 네…. 죄송합니다. 하지만 오늘까지만 하면 된다고

하셔서….

차 과장: 어, 그러셨어요? 알겠습니다. 제가 잘못했네요. 죄송합니다. 가서 일 보세요.

이 대리는 잘못한 게 없다고 생각했다. 하지만 이런 대화가 이 대리의 마음을 무겁게 했다. '왜 아침부터 나한테 XX이야?' 차 과장 얼굴만 봐도 너무 화가 났다. '아, 일이 힘든 게 아니라 사람이 힘들어서 다들 이직하는구나!'

LCC(Language Condition Check Skill) 기술, 즉 상대의 언어 컨디션 체크 기술은 대화 시작 전 상대의 언어 온도를 확인한 뒤, 그에 맞춰 대화의 방향이나 시간 등을 결정하는 것을 말한다. 나 역시 10년간 영업을 하면서 LCC 기술을 감각적으로 익혔다. 고객을 만나자마자 고객의 언어 컨디션을 1~2초 안에 파악했다. 대화의 방향, 전달할 메시지의 강도와 양을 결정해야 했기 때문이다.

사람을 많이 대해본 사람은 순간의 감각으로 상대의 감정을 잘 파악한다. 그러나 사람을 대해본 경험이 적은 직장인이나 사회 초년생은 상대의 언어 컨디션을 빨리 파악하기 어렵다. 그렇게 되면 효과적으로 대화를 이끌어가기 어렵다. 그렇다면 상대의 언어 컨디션을 쉽게 확인하는 방법을 알아보자.

상대의 언어 컨디션을 확인하는 제일 효과적인 방법은 '질문'

이다. "오늘 기분 어떠세요?"라고 물어보는 게 가장 빠르다. 하지만 직접 질문하면 상대는 대개 한 발짝 멀어진다. 그래서 간접 질문을 사용할 때가 더 많다.

상대의 나이를 물어보는 방법은 다음과 같이 여러 가지가 있다.

① "몇 살인가요?"
② "몇 학년 몇 반인가요?"
③ "저랑 연배가 비슷해 보이는데요?"
④ "〈응답하라 1994〉 보셨어요? 그때 뭐 하셨어요?"
⑤ "차장님, 이 회사에서 근무하신 지 얼마나 되었어요?"

①번은 상대를 당혹스럽게 할 수 있다. ②번은 어르신에게 재치 있게 질문하는 방법이다. ③번은 상대가 나보다 나이가 확실히 많다는 확신이 들 때, 상대가 동안이라는 식으로 대화를 시작하기 좋은 방법이다. ④번은 1994년에 상대가 학생이었는지 직장인이었는지를 판단해 나이를 가늠하는 방법이다. ⑤번은 상사의 경력을 자랑스럽게 여기면서 나이를 유추하는 질문이다. 이처럼 다양한 간접 질문으로 정보를 알아내면서 대화를 이끌어갈 수 있다. 그렇다면 언어 컨디션은 어떤 식으로 확인할 수 있을까? 나는 하루를 셋으로 나눠서 언어 컨디션을 확인하는 방법을 주로 사용한다. 아침, 점심, 저녁에 하는 질문으로 상대의

언어 컨디션을 확인하는 것이다. 그런데 이 질문을 하는 사람은 많아도 상대의 반응을 유심히 관찰하지는 않는다. 피상적인 질문이어서 상대의 표정이나 말투를 유심히 살피지 않는 것이다.

아침, 점심, 저녁에 대화를 시작할 때 이렇게 말해보자. 그리고 상대의 표정이나 말투를 조금 더 자세히 살펴보자.

- 아침: 좋은 아침입니다.
- 점심: 식사하셨습니까?
- 저녁: 오늘도 수고 많으셨습니다.

'좋은 아침'이라는 표현은 상투적 표현일 수 있지만, 좋다/ 나쁘다는 이분법적 표현이기 때문에 내 감정 상태가 나쁘면 좋다는 표현에 쉽게 동의하지 못한다. 그러므로 상대의 얼굴에 동의 여부가 드러난다. 그렇다면 인사 후 상대의 반응을 2초만 살펴보자.

- 상대 역시 "좋은 아침"이라고 답하는 경우
  ⇒ 언어 컨디션 좋음.
- 얼굴도 보지 않고 "응" 또는 "좋은 아침"이라고 답하는 경우
  ⇒ 언어 컨디션 보통.
- 평소에는 인사를 받아주는데, 바로 업무 이야기를 하는 경우
  ⇒ 언어 컨디션 나쁨.

- 좋은 아침이라는 인사에 말꼬리를 잡는 경우
  ⇒ 언어 컨디션 매우 나쁨.

　대다수는 '언어 컨디션 보통'일 것이다. 그런데 평범하면서도 당연할 것 같은 반응을 왜 살펴보아야 할까? 언어폭력자의 언어 컨디션이 최악일 때, 불쾌한 상황을 맞을 수 있기 때문이다. 특히 별일 아닌 일로 트집 잡혀서 하루를 망칠 수도 있다. 그것으로 끝난다면 괜찮다. 언어폭력자 중 스트레스가 풀릴 때까지 언어폭력을 지속하는 사람이 있다. 한 번의 실수로 언어폭력자의 지속적인 목표물이 된다고 생각하면, 이런 피상적 질문을 쉽게 볼 일이 아니다. 언어폭력자는 생존력이 강하다. 폭언하면서 직장에서 살아남은 사람이다. 그에 비해 당신의 경험은 너무 부족하다. 언어 컨디션 확인은 언어폭력의 불씨를 막아내는 첫 단추이다. 그렇다면 언어 컨디션이 나쁜 언어폭력자와 어떻게 대화해야 할까? 기억하자. 대화의 본질만 이야기하고 절대 반박하지 않는다.

　언어 컨디션이 나쁘면 대화의 본질만 이야기하는 것이 좋다. 본질에서 벗어나면 단어 선택, 논리 빈약, 톤 앤드 매너 등 여러 가지로 트집 잡힐 확률이 높다. 절대 하지 않아야 하는 행동은 '반박하는 것'이다. 반박하려면 언어 컨디션이 좋을 때 해야 한다. 언어폭력자의 언어 컨디션이 나쁠 때의 반박은, 곧 언어폭력자의 권위에 대한 도전이다. 그러므로 아무리 좋은 아이디어라도 받아들여지지 않는다. 폭언하는 사람은 언어 컨디션이 좋은 상태에서도 본질만 말하거나 피상적으로 대한다며 뭐라고 한다. 그러므로 언어 컨디션을 살핀 후 적절하게 대화를 시작하는 게 중요하다. K 기업에 다니는 박 주임은 이번에 언어 컨디션 체크 교육을 받았다. 박 주임이 언어폭력자 김 과장의 언어 컨디션을 어떻게 확인하고 대처하는지 살펴보자.

박 주임: 김 과장님, 좋은 아침입니다.

김 과장: 야, 아침부터 나 엿 먹이려고 그랬지? 이거 완전 똘아이네. (박 주임은 김 과장의 언어 컨디션이 좋지 않음을 즉시 알아챘다.)

김 과장: 내가 어제 시킨 일 마감이 이 정도밖에 안 되는 거야?

박 주임: 죄송합니다. 조금 자세히 말씀해주시면 바로 수정하겠습니다.

김 과장: 내가 부장님께 보고해야 하니까 가능하면 글씨 크기 크게 하라고 했잖아.

박 주임: ('그 정도는 당신이 할 수 있잖아'라고 생각했지만…) 제 생각이 짧았네요. 바로 수정해서 다시 드리겠습니다. 죄송합니다.

김 과장: 빨리해 와! 빨리 보고해야 하니까!

만약 여기서 박 주임이 김 과장에게 '미리 글자 크기를 언급하지 않으셨다. 그건 과장님이 바로 수정하실 수 있지 않으냐?'라고 반박하면 어떻게 될까? 현실에서 고려해야 할 사항이 있다. 싸울 게 아니라면 현명하게 대처하는 것도 지혜다.

평소 직장에서 언어폭력자라고 생각하는 사람이 있다면 꼭 언어 컨디션을 체크하고 대화를 이끌어가는 습관을 들이자. 불필요한 감정 소모를 줄이고, 언어폭력자 때문에 이직하겠다는 생각을 덜 수 있다.

3) 언어폭력자의 힘을 빼는 2가지 기술

언어폭력자는 권위적이고 편향적이며 때로는 폭력적인 성향을 보인다. 그들의 언어는 공격적이고 직선적이다. 대화를 시작하면서부터 상대에게 상처를 입힌다. 공격적인 말, 즉 날이 시퍼렇게 선 말을 부드럽게 만드는 방법은 없을까? 힘이 잔뜩 들어간 언어폭력자의 힘을 빼는 기술에 대해 알아보자.

언어폭력자의 날카로운 말를 부드럽게 만드는 첫 번째 방법은 '핵심 가치 인정하기'다. 언어폭력자들에겐 인정받고자 하는 욕구가 크다. 그들이 자주 하는 말을 보면 알 수 있다. "내가 누군지 알아?", "당신이 뭔데?", "내가 아니면 어떡할 뻔했어?", "당신이나 잘해!" 등 우위에 서려는 언어 습관을 보인다. 그러므로 평소 언어폭력자가 중요하게 생각하는 가치를 아는 것이 중요하다.

어떤 사람은 예의를 중시하고, 어떤 사람은 지식의 깊이를 중요하게 생각한다. 부를 중시하는 사람도 있다. 각자의 가치를 인정해주면 폭언으로 시작된 대화를 부드럽게 만들 수 있다. 아부를 떨라는 것이 아니다. '핵심 가치 인정하기'의 목적은 상대에게 잘 보이는 게 아니기 때문이다. 그들이 중요하게 여기는 가치를 알고 인정함으로써 언어폭력이 발생할 확률을 줄이는 데 그 목적이 있다.

M 회사의 김 대리는 아침에 출근하자마자 박 부장에게 호출을 받았다. 동료인 최 대리가 박 부장의 기분이 좋지 않다고 신호를 줬다. 김 대리는 긴장한 채 박 부장의 방문을 노크했다. 방에 들어가자마자 박 부장은 칠판 앞에 서라고 했다. 그러고는 3분기 실적이 좋지 않은 이유를 펜으로 쓰면서 설명해보라고 했다. 김 대리는 자신이 알고 있는 것을 설명해 나갔다. 그러다 갑자기 박 부장이 소리쳤다.

"야, 계속 헛소리할 거야? 그러니까 당신 실적이 이 꼬락서니지."

김 대리는 속으로 '아, 또 시작이구나' 생각했다. 시험지를 주고 오답이 나올 때마다 혼내는 것 같았다. 그때 김 대리는 논리와 이성을 중시하는 박 부장의 핵심 가치를 떠올려 힘 빼기에 들어갔다.

"부장님, 죄송합니다. 역시 부장님은 진짜 논리적이시네요. 제가 이 부분만 신경 쓰느라 전체 그림을 못 본 것 같습니다."

"이제 큰 그림이 보여? 내가 꼭 말해야 알아? 다음에 또 이렇게 하기만 해봐!"

"네, 부장님. 오늘도 부장님께 큰 그림 보는 법을 배웠습니다."

이렇게 대화는 종료되었다. 박 부장의 말이 맞을 수도 있고 틀릴 수도 있다. 맞는 말을 좋게 말하면 좋은데, 언어폭력을 함께 하니 문제다. 만약 김 대리가 표정을 구기거나 박 부장 말을 인정하지 않는 태도를 보였다면, 박 부장은 인신공격과 함께 언어폭력 필살기를 사용할 수도 있었다.

'박 부장 같은 사람이 정말 존재할까?'라고 생각할 수 있다. 하지만 직장인의 60% 이상이 언어폭력을 경험했다는 조사가 있으니 박 부장은 어디에든 있다. 언제든 언어폭력을 당할 수 있으므로 방어 차원에서 이런 기술을 알아두면 유용하다.

두 번째 힘 빼는 기술은 '폭언이 시작될 때 아픈 척하기'이다. 왜 아픈 척을 해야 할까? 언어폭력자의 폭언 목적은 '상대를 아프게 하려'는 데 있기 때문이다. 목적을 달성하면 그 행동은 지속되지 않는다. 학창 시절을 떠올려보자. 체벌을 받는 상황에서 힘깨나 쓰는 애들은 체면 때문에 아프지 않은 척하며 버텼다. 그러면 더 세게 맞았다. 하지만 아픈 척하는 애들은 아픈 척한다고 혼이 나면서도 살살 맞았다. 체벌과 언어폭력의 목적은 다르지만, 아픔을 준다는 면에서 비슷하다. 육체든 정신이든 아픈 척하는 사람이 안 아픈 척하는 사람보다 상처받을 확률이 낮다.

언어폭력자들은 상대에게 아픔을 줌으로써 자신이 강조하려는 메시지를 명확하게 전달하려고 한다. 상대가 아파하지 않거나 부당하다고 대들면 오히려 더 센 폭력을 행사하려고 한다. 예를 들어 앞의 사례에서 박 부장이 김 대리에게 "능력도 없는 게 우리 회사 어떻게 들어온 거야?"라고 말했을 때, '내가 어떻게 들어오긴 내 능력으로 들어왔지!'라고 생각하면 그것이 표정으로 다 드러난다. 속으로 그렇게 생각하더라도, "부장님 충고 잘 새겨듣겠습니다. 오늘 말씀은 저 자신을 돌아보게 하네요"라고 말하면 언어폭력이 길어지지 않는다.

다시 말하지만, 언어폭력자와 근무하거나 생활하는 당신에게는 2가지 선택지가 있다. 현명하게 견디거나 언어폭력자와 헤어지는 것이다. 가정이 있어서 이직이 쉽지 않거나 지금 회사에 다녀야만 할 이유가 있다면 현명하게 견뎌야 한다. 현명하게 견디는 방법을 알아야 건강하게 살 수 있다.

 T 회사에는 전문 지식과 풍부한 경험으로 승승장구하는 엘리트 이사가 있었다. 그의 가장 큰 단점은 거친 입에서 나오는 폭언이었다. 전달하고자 하는 내용은 모든 직원이 수용할 만큼 논리적이지만, 인격 모독 발언과 욕설이 빈번했다. 부하 직원의 자존감을 짓밟기로 유명했다.

 이사 밑으로 새로운 마케팅 매니저가 발령을 받았다. 열정이 가득한 새 매니저는 열심히 일했다. 그러나 이사의 눈에는 만족스럽지 않았다. 결국, 이사는 마케팅 매니저가 얼마나 무능한지 이야기하며 동료들 앞에서 무시했다. 마케팅 매니저는 얼마 못 가 건강상의 이유로 퇴사하고 말았다. 그 뒤 새 마케팅 매니저를 뽑았다. 마찬가지로 그 역시 매일 야근하며 일했지만, 이사 눈에는 만족스럽지 않았다. 이사는 이전과 같은 방식으로 폭언을 하며 매니저의 무능력을 검증해갔다. 그 매니저 역시 건강상의 이유로 퇴직했다. 그 후 그 과정을 두 사람이 더 반복했다. 모두 건강상의 문제로 퇴사했는데, 그 상황에서 이사는 직원들에게 다음과 같이 웃으며 말했다.

 "다음 마케팅 매니저를 뽑을 때는 체력 검사를 해야겠어."

마케팅 매니저가 모두 건강상의 이유로 퇴사를 했으니, 그로서는 그렇게 말하는 것이 당연했다. 전달하려고 하는 내용을 강조하기 위해 폭언을 하든, 의도적으로 상처를 입히기 위해 폭언하든 언어폭력은 유능한 사람도 무능력하게 만들 수 있다. 또한 건강을 악화시켜 퇴사하게 할 수 있다.

다음은 M 회사의 이야기이다. A 이사는 어린 나이에 임원이 되었다. 그의 유능함은 멋진 미래를 보장하는 듯했다. 하지만 나이 어린 A는 주변 사람들을 대등한 인격체로 대하지 않았다. 실적을 그 사람의 인격이라 여겼다. 어느 날 A는 실적이 좋지 않은 직원의 가슴을 수차례 치며 폭언했다. 수치심을 느낀 직원은 A 이사를 회사에 고발했다. 결국, A 이사는 회사를 나가야 했다. 이 유능한 A 이사의 앞날을 막은 건 무능함이 아니라 잘못된 태도와 언어였다.

외국의 한 항공사 대표는 직원의 행복이 곧 회사의 수익과 연결됨을 강조하며, 직원의 행복지수를 높이는 데 크게 노력하는 것으로 유명해졌다. 회사의 생존은 직원의 능력과 노력에 따라 좌우된다. 회사가 절대 간과하지 말아야 하는 것이 직원의 직장 내 행복지수다. 언어폭력자들만 잘 관리해도 회사 실적이 오르는 기적을 많은 회사가 경험하면 좋겠다.

5장

언어폭력을 당했다면
어떻게 해야 할까?

커뮤라이제이션의 가장 큰 장점은 자동차 전조등을 켜는 것처럼 빠르고 쉽게 사용할 수 있다는 것이다. 갑작스럽게 폭언을 경험하거나 자기 생각을 논리적으로 전달해야 하는 상황을 커뮤라이제이션으로 해결해보자. 다음에 제시하는 4가지 상황은 누구나 언제든지 경험할 수 있다. 실제 상황이라고 생각하면서 커뮤라이제이션을 연습하면 효율적일 것이다.

01 | 폭언하는 상사

당신은 A라는 무역회사에서 근무하고 있다. 폄하와 폭언으로 유명한 김 부장이 당신을 아침부터 급하게 찾는다.

김 부장: 내가 빨리 오랬지? 내가 지시하는 게 우습게 들려?

나: 네? 아닙니다. 죄송합니다.

김 부장: 당신 월급값은 하고 있다고 생각해? 회사에서 밥값은 해야 할 거 아냐? 요즘같이 회사가 어려운 때에…. 당신같이 이기적인 사람들 때문에 우리 회사가 힘든 거야. 내가 어제 준비하라고 한 서류는 다 했어?

나: 죄송합니다. 어제 급하게 마쳐야 할 다른 일이 있어서 아직 작성하지 못했습니다.

김 부장: 이거 봐, 이거 봐. 지시한 일을 제때 하기는 하나? 나 같으면 밤을 새워서라도 했을 텐데…. 당신 하는 거 보면 후배인 김 주임 월급하고 당신 월급을 바꿔야 할 것 같은데 어떻게 생각해?

나: 죄송합니다, 부장님. 다음부터는 언제까지 마감해야 하는지 여쭤보고 기일을 맞추도록 하겠습니다.

김 부장: 무슨 소리를 하는 거야? 내가 지시하면 바로 완료해서 줘야지! 내가 당신한테 언제까지 해주세요, 부탁해야 하는 거야? 이거 완전히 위아래가 바뀌었네. 하하, 그럼 당신이 부장해! 이거 완전히 미친 인간 아냐? 나 보고 언제까지 해달라고 부탁하라고?

나: 그게 아닙니다. 제 말은…. 마감 시간을 미리 알려주시…면….

김 부장: 그 말이 그 말 아냐? 그냥 내가 지시하면 바로 하라고! 머리가 나쁜가? 당신 학교 어디 나왔어?

나: 죄송합니다. 부장님 말씀대로 하겠습니다.

김 부장: 그나저나 말 나온 김에, 당신 대학 어디 나왔어?

나: M대학 나왔습니다.

김 부장: 내가 사람 보는 눈은 예리하다니까. 괜히 명문대 애들 쓰는 게 아니야. 확실히 떨어져, 확실히. 가봐! 밥값을 하라고, 알았어?

나: "네… 알겠습니다."

[대응 방법] 핑거 리스닝

업무상 실수했을 때 직장 상사에게 이런 이야기를 듣는다면 온종일 기분이 좋지 않을 것이다. 인격을 모독하는 말을 지속해서 들으면 몸과 마음은 계속해서 안 좋아질 것이다. 그런데도 직장을 계속 다녀야 할 이유가 있다면 현명하게 대처하는 게 최고의 방법이다.

당신은 김 부장에게 최선을 다해 일하는 사람일 수도 있고, 코드가 맞지 않아 일하기 어려운 사람일 수도 있다. 이유야 어찌 되었든 당신이 약자의 처지에서 김 부장의 언어폭력을 들어야 한다면 핑거 리스닝으로 김 부장이 전달하려는 메시지만 명심하면 된다. 김 부장은 언어폭력 필살기 중 폄하하기, 비교하기, 왜곡하기, 말꼬리 잡기를 사용하였다. 그가 언어폭력 필살기로 전달하고자 한 메시지는 '내가 지시하는 일을 바로 처리해라'이다.

당신이 이 회사에서 계속 일하는 한 김 부장의 지시 사항은 피할 수 없다. 김 부장이 사용한 언어폭력 필살기가 당신의 마음을 멍들게 했을 것이다. 언어폭력 필살기가 아무 의미 없는 것임을 생각하지 않은 채, 김 부장의 폭언을 계속 떠올리면 당신의 정신은 더욱 피폐해질 것이다.

김 부장의 핵심 메시지인 '내가 지시하는 일을 바로 처리해라'만 기억하자. 그리고 김 부장이 사용한 언어폭력 필살기는 김 부장이 자신의 생각을 강조하는 방법이라고 여기며 지속해서 필터링하는 연습이 필요하다.

당신은 A 쇼핑 상담원으로 근무하고 있다. 매일 폭언하는 고객들 때문에 진심으로 고객을 응대하기가가 어렵다. 그런데도 오늘 또다시 언어폭력자 고객의 전화를 받게 되었다.

나: 오래 기다려주셔서 감사합니다. 무엇을 도와드릴까요? 상담원 박진실입니다.

고객: 무슨 전화 상담하는 데 이리 오래 기다리게 해?

나: 기다리시게 해서 죄송합니다. 고객님, 무엇을 도와드릴까요?

고객: 아니 상품 주문한 지가 언젠데 아직도 기다리게 하는 거야? 홈쇼핑에서 사라고 할 땐 언제고 막상 쓴다고 하니까

왜 안 보내줘? 당신네 회사 배가 불렀나 보지? 주문 취소해!

나: 죄송합니다. 많이 불편하셨을 것 같은데요. 제가 확인해 보니 내일 발송되는 것으로 되어 있습니다. 조금만 더 기다려 주시면 감사하겠습니다.

고객: 당신 이름 뭐야?

나: 네, 상담원 박진실입니다.

고객: 나이는?

나: 네?

고객: 몇 살이냐고? 몇 살이길래 고객한테 뻣뻣하게 대응하는 거야?

나: 죄송합니다. 불편하셨다면 사과드립니다. 저희 시스템을 조회해보니….

고객: 아니 몇 살이냐고? 내가 당신 본사에 신고하려고 그래.

나: 고객님, 배송이 늦어 많이 속상하실 것 같습니다. 다시 한번 죄송합니다. 혹시 배송이 늦어서 주문을 취소하고 싶으시면 제가 도와드리겠습니다.

고객: 왜 내가 묻는 말에 답을 안 해? 몇 살이냐고? 이X아!

나: 죄송합니다. 제가 도움을 드릴 수 없을 것 같습니다.

[대응 방법] 핑거 리스닝

고객의 만족도는 회사의 우선순위다. 사장을 비롯한 모든 직원이 고객의 만족을 위해 최선을 다하고 있는데도, 가끔 이런 고객이 회사에 대한 불만을 상담직원에게 쏟아낸다. 실제 상담직원들은 감정노동으로 인한 정신적 고통을 많이 호소한다.

앞에서 언어폭력자 고객은 필살기를 사용하여 당신을 고통스럽게 하고 있다. 우리는 감정을 가진 동물이다. 매일 이런 고객들을 상대하며 마음의 굳은살이 생겼을지라도, 불쾌한 고객의 폭언은 여전히 기분을 상하게 한다. 퇴근 후 집에 들어가도 가족의 얼굴을 웃으면서 보기가 힘들 수도 있다.

다시 한번 강조하지만, 언어폭력자의 필살기는 아무 의미가 없다. 그것은 언어폭력자의 감정 상태나 자신이 하고 싶은 말을 강조하기 위한 도구일 뿐이다. 언어폭력자 고객의 핵심 메시지는 '배송이 늦어 화가 많이 났다. 빨리 배송해달라'이다. 당신의 역할은 고객의 불만을 접수하고 이 불만이 해결되도록 유관부서와 커뮤니케이션을 하는 것이다.

당신은 고객의 불편을 해소하고 최고의 만족을 주기 위해 최선을 다하고 있다. 그러나 고객의 폭언 필살기에 대응하기 위해 최선을 다하면 안 된다. 당신의 건강과 가족을 지키기 위해서는 아무 의미 없는 필살기와 핵심 메시지를 분리하여 받아들여야 한다. 현실을 외면하라는 것은 결코 아니다. 다만 필터링 하여 받아들여야 할 것과 배척해야 할 것을 인지하라는 것이다. 좋은 냄새는 향기라고 하고 안 좋은 냄새는 악취라고 한다. 언어폭력자들의 입에서는 악취가 진동한다. 그 이유는 입안에서 사용되는 단어들이 썩었기 때문이다. 언어폭력자가 사용한 표현의 냄새를 맡기보다는 필요한 핵심 메시지만 걸러내는 게 당신의 건강에 유익하다.

03 | 엘리베이터 안에서 만난 회사 임원의 질문

　당신은 아침 회의를 마치고 엘리베이터를 탔다. 그런데 멀리서 "잠시만요!"라는 소리가 들렸다. 당신은 엘리베이터 문을 열고 기다렸다. 엘리베이터 안으로 들어온 사람은 K 상무였다. 당신은 K 상무와 단둘이 엘리베이터에 탑승하게 되었다. 반갑게 인사했지만, 왜 이리 엘리베이터가 천천히 가는지 모르겠다. 그러던 중 K 상무가 갑자기 질문을 건넸다.

　"요즘 아주 열심히 일한다고 들었습니다. 혹시 회사의 이번 VIP 프로젝트에 대해 어떻게 생각하는지 물어봐도 될까요?"

　갑작스러운 질문에 당신의 머릿속은 새하얘졌다. 상무의 질문에 제대로 답하지 못하면 당신의 이미지가 어떻게 될지 걱정이 앞선다. 논리적으로 답해야 하는데 어떻게 말을 시작해야 할지 막막하다. 그때 지난번 강의에서 배운 커뮤라이제이션이 생각났다. 당신은 LIB 스피치를 활용한다.

나: 이번 VIP 프로젝트는 고객 만족도를 높이는 데 매우 중요한 프로그램이라고 생각합니다.(주장)
지난 5년간 저희 AS팀에서는 자동차를 이용하는 고객들에게 차별화된 서비스의 필요성을 지속해서 강조했습니다.(근거)
저희 AS팀에서 샘플 서비스를 진행해보았는데 고객 만족도는 기존 대비 30% 증대되었습니다. 또 경쟁사와 차별화하여 성장 기회로 삼을 수 있을 것 같습니다. 듣기에 경쟁사 F는 이번 연도부터 고객 서비스 비용을 작년 대비 20% 줄인다고 합니다.(예시)
이에 VIP 프로그램은 우리 회사로서 고객 만족도를 높일 수 있는 중요한 프로그램입니다.(결론)
K 상무: 직원들이 이렇게 긍정적으로 생각한다니 제가 다 뿌듯합니다. 이번 VIP 프로젝트가 성공할 수 있도록 같이 노력해봅시다.
나: 감사합니다. 상무님, 최선을 다하겠습니다.

[대응 방법] LIB 스피치
예상치 못했지만, 자기 의사를 명확하게 전달해야 하는 상황을 자주 접한다. 편한 사이에서는 몇 번 설명하고, 길게 설명하고, 찾아서 설명하면 된다. 하지만 임원과 같은 어려운 사람에게 질문을 받아 답변해야 하는 상황에서는 그렇게 할 수 없다.

앞의 예시는 상무의 갑작스러운 질문에 자기 생각을 LIB 스피치로 침착하게 잘 전달한 장면이다. 무엇을 말해야 할지, 어떻게 전달할지 머릿속이 깜깜할 때 상대의 모습을 보며 머리(주장), 가슴(근거), 팔(예시), 다리(결론) 순으로 말하면 효과적이다. 편하게 생각하는 사람들과 함께 연습해보자. 아니면 머리, 몸통, 팔다리가 달린 인형을 앞에 두고 연습해보자. 타당한 근거를 바탕으로 내 의견을 확실하게 전달해보자.

오늘 당신은 그토록 원하던 직장에 취업 면접을 보러 왔다. 복도에 서 있는 경쟁자들 모두 쟁쟁해 보인다. 당신은 그동안 준비한 내용을 되새겨보면서 경쟁자들과 함께 면접실로 들어갔다. 면접관들의 얼굴은 웃음기 하나 없이 무척 경직돼 있다. 당신은 자신 있게 면접을 보러 왔지만, 어떤 질문을 받을지 알 수 없어 잔뜩 긴장한 상태다. 면접관 중 한 명이 기본 질문으로 면접을 시작했다.

"제 앞에 있는 물을 여기 있는 면접관들에게 판매해야 합니다. 물에 대한 정보가 맞는지 아닌지는 보지 않습니다. 여러분의 창의력과 열정으로 이 물을 판매해보시기 바랍니다."

한 지원자가 나서서 "제가 먼저 해보겠습니다"라고 하였다.

그 지원자는 씩씩하게 일어나 다음과 같이 말했다.

"이 물은 강원도 산골짜기 지하 2km에 있는 천연 암반수에서 끌어올린 물입니다. 이 물을 드시면 건강은 물론이고, 피부까지 백옥같이 만들어줍니다. 게다가 가격도 매우 저렴합니다. 다른 물보다 50% 저렴하여 부담 없이 드실 수 있습니다."

그 지원자의 말이 끝나자마자 면접관이 다음과 같이 말했다.

"저는 절대 안 사 먹을 것 같아요. 전혀 매력적이지 않아요."

그 후 모든 지원자가 경직됐다. 이제 당신이 답해야 할 차례다. 지난번 강의에서 배운 LIB 스피치를 적용해보기로 한다.

나: 면접관님들처럼 말을 많이 하는 사람은 일반인 수분 섭취량의 두 배를 마셔야 한다고 합니다. 저희 제품은 원 플러스원(1+1)입니다.(주장)

나: 유명한 의학지에서는 수분 필요 섭취량보다 적게 마시게 되면 면역력까지 떨어진다고 하였습니다.(근거)

나: 이에 많은 연예인은 면역력을 높이기 위해 물 마시는 장면을 인스타그램에 올립니다.(예시)

나: 면접관님은 일반인들보다 물을 2배 드셔야 하므로 비용 부담이 있을 것 같습니다. 저희 제품은 일반인보다 더 많은 물을 마셔야 하는 이들의 부담을 덜어드리기 위해 원 플러스 원 행사를 무려 1년간 진행합니다. 회사와 가정을 책임지시는 면

접관님들은 누구보다 자기 관리, 특히 건강을 잘 챙겨야 할 분이라 생각합니다. 매일 신선한 상태로 배달되는 원 플러스 원물로 자기 관리를 시작해보시는 건 어떨까요?(강조 및 제안)

이 예시가 정답이라고는 할 수 없다. 다만 당혹스러운 면접에서 최고의 답을 제안할 능력을 키우는 것이 중요하다. 갑자기 머리가 하얗게 되어 버벅거리고 대답을 못 하고 만다면 곤란하다. 아무 말도 하지 못하고 나오면 너무 아쉬운 면접이 될 것이다. BEST 답변은 못 하더라도 LIB 스피치로 GOOD 답변을 제시한다면, 자신의 논리만큼은 잘 전달할 수 있을 것이다.

[대응 방법] LIB 스피치

면접처럼 즉흥적으로 답해야 하는 상황에서는 내 주장과 근거와 예시를 논리적으로 배열하여 답하기가 어렵다. 대학생들을 대상으로 즉흥적으로 대답해야 하는 상황을 만들어보면, 다수의 학생은 내가 말하고자 하는 내용을 어떤 형식으로 표현할지 우선 생각하지 않고 즉각 생각나는 것부터 말한다. 글쓰기가 아니라 즉흥적인 답변이기에 더욱 어려운 것은 사실이다. 그러므로 100점 말하기는 아니더라도 100점에 가까운 말하기 형식이 필요하다.

다시 말하지만, 즉흥적인 답변을 요구하는 자리에서 100점짜

리 답변은 없다. 내가 전달하고자 하는 내용을 상대가 이해하기 쉽게 정리하여 답변해야 높은 점수를 얻을 수 있다. LIB 스피치로 10번만 연습하면 즉흥 답변 실력이 향상됨을 느낄 수 있을 것이다.

당신은 당신의 의견을 무시하고 반대하는 직장 상사와 근무하고 있다. 당연히 직장 만족도는 떨어지고 새로운 아이디어를 제시하기 어렵다. 그러던 중 당신은 팀의 총무를 맡게 되었다. 그리고 팀 야유회를 가게 되었다. 팀원들 다수가 자녀 육아로 피곤해서 등산을 꺼렸다. 그러나 팀장은 등산을 좋아해서 다른 방향으로 설득하기가 어려울 것 같다. 당신은 총무로서 팀원들의 의견도 받아들여 팀장에게 전달해야 한다. 팀장에게 '영화 보고 맛있는 음식이나 먹자'는 의견을 제시하면 분명히 반대할 것이다.

나: 팀장님, 이번 야유회에 직원 모두 설레는 것 같습니다. 그

래서 장소 선정하는 데 매우 신중해지네요. 다들 육아로 힘들어하는데 영화 보고 맛있는 식사를 하는 건 어떨까요?

팀장: 야유회에 무슨 영화야? 다들 체력도 약해진 것 같은데 등산 가서 맛있는 음식 먹는 거 어때?

나: 다들 지친 것 같아서요.

팀장: 그건 당신이 등산 가기 싫어서 그런 거 아냐? 자기가 싫어서 다른 사람 핑계 대는 거 치사한 거야.

나: 아닙니다. 그건 아니고요.

팀장: 됐어. 그럼 등산 가서 맛있는 거 먹자고⋯. 잘 준비해봐.

나: 네⋯.

팀장을 설득하는 데 실패했다. 이번엔 부분적 오조준 커뮤니케이션을 사용해 대화를 시도해보자.

나: 팀장님, 이번 야유회로 직원 모두가 설레는 것 같습니다. 그래서 장소 선정하는 데 매우 신중해지네요.

팀장: 다들 일하느라 지친 것 같은데 운동 좀 해야 하지 않겠어?

나: 팀원들 의견을 수렴했는데, 다들 자녀가 어려서 영화 보고 맛있는 식사를 하고 싶어 하는 것 같습니다. 팀장님께서 좋아하시는 영화 리스트와 식사 리스트 가져왔는데 한번 봐

주시면 감사하겠습니다.

팀장: 뭐야, 이러니까 다들 살만 찌고 더 피곤해하는 거 아냐! 아무튼, 살찌는 사람들에겐 다 이유가 있어.

나: 그러게요. 다들 육아로 힘든가봐요. 팀장님께서 이해해주세요. 팀장님! 팀장님 액션 영화 좋아하시죠? 전 요즘 할리우드 영화가 재미있더라고요.

팀장: 요즘같이 경기 어려울 때는 한국 영화를 봐줘야지. 당신 같은 사람 때문에 한국 영화가 발전을 못 하는 거야. 한국 영화로 예약해! 식당은 내가 자주 가는 집 있으니 카톡으로 보내줄게.

나: 감사합니다, 팀장님. 팀원들이 엄청나게 좋아할 것 같습니다.

[대응 방법] 부분적 오조준 커뮤니케이션

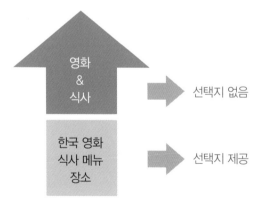

팀장이 영화 보고 식사하자는 의견에 반대할 것을 예상했다. 등산과 영화라는 의견을 제시하기보다 부분적 오조준 커뮤니케이션을 사용하여 영화와 식사의 선택권을 팀장에게 줌으로써 등산이라는 선택을 우회할 수 있었다. 앞에서도 언급했지만, 주변에서 반대를 위한 반대를 하는 경우를 언어폭력만큼이나 종종 본다. 반대를 위한 반대를 현명하게 넘기는 방법은 오조준 커뮤니케이션이다. 사격할 때 바람이 불면 그 속도와 방향을 고려해서 사격해야 한다. 커뮤니케이션도 마찬가지다. 톤 앤드 매너도 중요하지만, 대화 방향을 미리 짐작해서 반대를 위한 반대를 극복해보자.

언어폭력자의 힘을 빼는 기술

당신은 언어폭력을 자주 휘두르는 상사와 일하고 있다. 회의만 하면 폭언을 해서 지쳐만 간다. 좋은 말도 1절만 하면 좋은데 4절까지 다 한다. 그래서 폭언이 시작되면 상사의 힘을 빼는게 좋겠다고 생각한다. 이제 언어폭력자의 힘 빼기 기술 2가지를 접목하여 상사와 대화를 해보고자 한다.

상사: 내 사무실로 들어와!

나: 네, 과장님.

상사: 지난달 보고서를 보고서라고 쓴 거야? 대학 나온 거 맞아?

나: 죄송합니다. 혹시 어느 부분 말씀하시는지….

상사: 그걸 내 입으로 말해야 알아? 초등학생도 보면 알겠어.

당신은 그동안의 경험으로 상사가 언어폭력으로 뭔가를 가르치려 한다는 것을 느꼈다. 그래서 상사가 항상 중요하게 생각하는 디테일의 힘을 거론해야겠다고 생각했다.

나: 과장님 죄송합니다. 제가 아직 과장님의 섬세함을 따라가지 못합니다. 이번에 가르쳐주시면 다음부터 꼭 주의하겠습니다.

상사: 이번 한 번만 가르쳐준다. 다음부터는 실수 용납 안 해.

나: 네. 역시 섬세함에 자상함까지 겸비한 과장님이십니다. 오늘 충고는 큰 도움이 되었습니다. 감사합니다.

상사: 빨리 가서 일이나 해.

나: 네! 감사합니다.

[대응 방법] 핵심 가치를 인정하고 적당히 아픈 척하기

대화의 질과 양은 반응하는 사람이 어떻게 대응하느냐에 따라 달라진다. 단답형으로 답하면 대화가 짧아지고, 관심이 없는 태도 또한 대화를 짧게 만든다. 폭언을 짧게 할 수 있는 건 언어폭력자가 강조하려는 핵심 가치와 메시지를 인정하고 적당히 아픈 척을 해야 가능하다.

'위키피디아'에서는 "역할 연기(롤플레잉)는 현실에서 일어나는 장면을 설정하고 여러 사람이 각자 맡은 역을 연기하여 비슷한 체험을 통해 특정한 일이 실제로 일어났을 때 올바르게 대처할 수 있는 학습 방법"이라고 소개한다.

내가 근무하는 글로벌 제약회사는 복지뿐 아니라 세일즈 커리큘럼과 직원 교육에 많은 투자를 한다. 특히 영업 기술에서 빼놓을 수 없는 것이 역할극이다. 기본 세일즈 이론을 머리로 익혔다고 해도 입으로 잘 전달하지 못할 수 있다. 내가 근무하는 회사의 트레이닝 장면은 할리우드 영화에서 연출되기도 했다.

〈러브 앤 드럭스〉라는 영화에서 제이크 질렌할은 제약회사 영업사원으로 입사하여 트레이닝을 받게 된다. '고객에게 전달할 메시지 보내기'인데, 성냥개비에 불을 붙여 그것이 다 타들어가기 전에 완료해야 하는 훈련이다. 영화이기 때문에 성냥개비를 썼지만, 실제 현업에 종사하는 이들은 시간을 정해놓고 정해진 분량의 메시지를 효과적으로 전달하는 훈련을 한다. 그 이유는 고객이 바쁘기 때문이다.

역할극 연습은 매우 효과적이다. 가상 상황을 설정하고 훈련하면 그런 상황이 닥쳤을 때 당황하지 않고 효과적으로 대응할 수 있다. 그렇다면 어떻게 역할극을 하면 좋을까? 2명 이상이라면 서로 연습하며 피드백을 주면 되고, 혼자라면 핸드폰으로 녹화하여 연습하면 된다. 녹화된 영상을 전문가 동영상과 비교하며 봐도 좋고, 선배나 친구와 공유해 피드백을 받아도 좋다. 커뮤라이제이션 기술은 간단하면서도 효과적으로 사용할 수 있도록 개발되었다. 너무 쉽다고 생각해서 이론만 머릿속에 넣지 말고 꼭 3번 이상 연습해볼 것을 권한다.

어느 신입 영원사원의 이야기다. 그는 대학을 졸업하고 제약회사에 취업했다. 이 신입사원의 열정은 매우 컸다. 모든 제품의 메시지와 시장 분석을 숙지하고 병원으로 고객을 만나러 갔다. 엄청나게 많은 역할극을 해봤기 때문에 자신이 있었다. 그는 고객을 만나기 위해 문을 두드렸다.

"안녕하십니까? ○○제약 신입사원 ○○○입니다. 처음 인사 드리겠습니다."

그러자 고객이 화를 냈다.

"나가세요!"

신입사원은 너무 당황해서 "죄송합니다" 하고 뒤돌아섰다. 그는 나가면서 문에 대고 다시 노크했다. 그 모습을 본 고객은 나가면서도 노크를 하는 신입사원을 보며 웃었다고 한다.

고객이 화를 낸 이유는 환자 진료로 제일 바쁠 시간에 진료 행위를 방해했기 때문이다. 병원이 한가한 시간이나 고객이 진료실을 나왔을 때 고객을 만나야 했다. 충분한 역할극은 매우 중요하다. 하지만 이 실화는 역할극으로 충분히 연습해도 넓은 시선으로 환경을 바라보지 못할 수 있음을 보여준다. 자기가 하고 싶은 말만 하려고 역할극을 하다 보면, 고객의 입장을 읽을 수 없어서 실수로 연결될 수도 있음을 기억하자.

6장

상처가 되는 말 때문에
흔들리는 나에게

지금까지 언어폭력자로 인해 고통받는 당신에게 커뮤라이제이션을 제안했다. 고통에서 완전히 벗어나려면 여기에 그쳐서는 안 된다. 정신 훈련이 조금 더 필요하다. 그것은 바로 언어폭력자를 용서하는 일이다. '죄는 미워하되 사람은 미워하지 말라'고 했다. 언어폭력자가 왜 폭언을 사용하는지 이해하고, 폭언을 스스로 방어할 수 있을 때 언어폭력자를 용서할 수 있다. 그러나 충분히 이해하지 않은 채 언어폭력자를 용서할 수는 없다. 이번 장에서는 당신 곁에 있는 언어폭력자를 마음속에서 떠나보내는 몇 가지 훈련을 할 것이다.

01 | 일주일만 행동
해석하지 않기

한 사람의 행동을 변화시키기 위해서는 적어도 7일이 필요하다고 한다. 당신에게 폭언을 하거나 괴롭히는 사람 때문에 힘들다면, 그 사람의 행동이나 언어를 7일 동안 해석하지 말아보자. 딱 7일만 다음과 같은 생각을 하지 말자는 것이다.

"이 사람이 내게 왜 이런 말을 했을까?"
"나를 무시하는 건가?"
"나한테 어떻게 이럴 수가 있지?"
"이제 난 찍힌 건가?"
"이 사람은 왜 나를 미워할까?"
"혹시 내가 잘못한 게 있나?"

"아, 기분 나빠서 일 못 하겠네."

　우리는 어떠한 일이 벌어졌을 때 긍정이든 부정이든 다양한 의미로 해석한다. 현상을 분석하고 이해하는 능력은 한 분야에 대한 전문 식견을 넓히고 삶의 의미를 깊게 해준다. 그러나 언어폭력자의 폭언은 머리로 해석하고 마음으로 이해하려 할수록 정신만 피폐해질 뿐이다. 길거리에서 어떤 사람이 당신의 어깨를 툭 치고 사과도 하지 않고 지나갔다고 해보자. 그 사람이 바빠서 그랬을 수도 있고, 미안하다는 말을 못 해서 그랬을 수도 있다. 그러나 당신은 찝찝한 채로 '나를 무시하나?', '저 XX 사과도 안 하고. 가서 한 대 때려줄까?', '어떻게 나보다 어린놈이 이럴 수 있지?' 등 여러 가지 해석을 할 것이다. 그러나 누군가 당신에게 폭언을 하거나 과격한 행동을 했을 때, 이것을 자신과 결부시켜 확대 해석할 필요는 없다. 언어폭력이라는 현상의 원인을 본인에게서만 찾으려고 고민하기 시작하면 결국 '생각의 몸살'을 앓게 된다.

　B 회사에 근무하는 김 대리는 언어폭력자 박 부장의 한 마디 한 마디가 불안하다. 최근 박 부장의 폭언에 대해 고민을 많이 해 잠도 잘 못 자고 살까지 빠졌다. 그래도 웃음을 잃지 않으려고 노력하는 중이다. 김 대리는 아침에 출근하자마자 박 부장에게 이런 소리를 들었다.

박 부장: 김 대리, 뭐 좋은 일 있어? 아침부터 실실 웃고 다니는 것 보니… 이제 곧 인사 발령도 있는데 김 대리 성과에 자신 있나 보네. 알았네. 어디 두고 보자고!

김 대리: 아닙니다, 부장님. 웃으며 하루를 시작하려고요.

박 부장: 설치지 말고 일이나 잘하세요, 김 대리님.

김 대리: 네. 죄송합니다.

김 대리는 박 부장이 아침부터 왜 저러는지 이해가 가지 않는다.

'요즘 매일 야근을 해서 컨디션이 처지는 것 같아 웃으면서 아침을 시작해보려 했는데 설치지 말라니…. 다른 직원들에게는 이렇게까지 말하지 않으면서.'

김 대리는 자신이 찍혔나 싶은 생각이 들었다. 곧 인사이동이 있다는데, 지방 발령이라도 나는 건 아닌지 불안하다. 박 부장은 점심 때 김 대리에게 이런 질문을 했다.

"김 대리, 아직 지방 근무 경험 없지? 능력 없다는 소리 듣고 지방 가기 전에 옆 팀 최 대리처럼 성과 좀 내봐."

김 대리는 이 말을 듣자마자 밥이 코로 들어가는지 입으로 들어가는지 모를 정도로 머릿속이 하얘졌다. 그날 밤, 김 대리는 연고없는 지방에서 근무할지도 모른다는 생각으로 잠이 오지 않았다. 폭언하는 박 부장을 생각하니 분노와 원망이 일었다.

얼마 후 지방 발령 공지가 떴다. 지방 근무자는 옆 팀 최 대리였다. 김 대리는 너무 놀랐다. 박 부장은 자신을 보낼 생각도 없었으면서 왜 그토록 불안하게 했을까? 지방으로 가게 되지 않아 감사했지만, 한편으로는 누군가를 미워하는 마음과 회사에 불만을 품게 한 박 부장이 원망스러웠다.

폭언 필살기는 '강조하고자 하는 메시지를 전달하는 데 도움이 된다'는 믿음의 도구일 뿐이다. 폭언의 특성을 제대로 알지 못하면, 김 대리처럼 부정적인 확대 해석으로 스트레스와 상처를 받게 된다. 정신과 치료 중에 인지 치료가 있다. 상대의 의미 없는 행동을 임의로 해석하여 분노, 우울, 초라한 감정을 안고 살아가는 사람들을 치료하는 방법이다.

언어폭력자의 말 한마디로 매일이 힘들다면, 어떤 말이든 자신과 결부시키지 말자. 언어폭력 필살기와 자기 생각을 분리하기 위해 폭언을 자기 기준으로 해석하지 않는 연습을 해보자. 7일 동안 말이다.

> 부정적인 생각과 걱정은 갯벌에 발을 넣는 것과 같습니다.
> 한 번 발을 넣으면 점점 빨려 들어갑니다.
> 혼자 힘들어하지 마세요. 필요한 건 누군가의 손입니다.

극단적인
생각하지 말기

　친분이 있는 정신과 원장에게 스트레스와 우울증을 극복하기 위해 적극적으로 약물 치료에 임하는 직장인들이 늘고 있다는 말을 들었다. 대한민국에서 자살하는 사람은 1년에 1만 명이며, 40~50분에 1명씩 자살하고 있다고 한다. OECD 국가 중 자살률 1위라는 오명은 우리의 감정 상태가 매우 불안정함을 의미한다.

　주변 사람의 폭언 때문에 자살을 선택하는 사람을 보면 가슴이 아프다. 나 역시 폭언으로 정신이 피폐해졌을 때 하루에도 몇 번씩 회사를 관두려고 했다. 매일 듣는 날카로운 폭언은 내 정신을 갈기갈기 찢었다. 매일 반복되는 폭언으로 삶의 의미를 잃어갔다. 폭언에 이의를 제기하자 더 세게 폭언을 하는 상사를 보면서 내 자존감은 한없이 낮아졌다.

당시의 고통을 극복한 지금은, 그때 극단적인 생각까지 한 게 부끄럽고, 그래도 잘못된 선택을 하지 않은 것에 감사한다.

"

누군가의 극단적인 행동이 많은 공감과 이해가 된다면
당신도 이미 너무 지쳐 있는 것입니다.

"

03 | 떠나는 용기
내보기

언어폭력과 괴롭힘 때문에 스스로 생을 마감하는 사람이 있다. 내가 평생 지켜온 가치가 누군가로 인해 무너질 때 모든 게 끝났다는 생각이 들 수 있다. 상위권 성적을 지켜온 학생, 운동만 하며 앞만 보고 달렸던 운동선수, 멋진 모습만 보여주고 싶은 연예인 그리고 누군가에게 좋은 부모라는 자부심을 가지고 살던 사람들의 가치가 언어폭력 하나로 흔들리기도 하는 것이다. 특히 갑의 위치에 있는 사람에게 언어폭력을 당했을 때 상처는 더욱 깊다.

내 후배의 이야기이다. 매니저의 언어폭력으로 6명의 팀원 중 4명이 퇴사를 했다. 그런데도 회사에서는 아무런 대응이 없는 게 현실이었다. 후배는 내가 아는 사람 중에서도 제일 성실하고 업무 능력도 뛰어났다. 그런데도 매니저의 일관성 없는 통솔력과 언어폭력으로 힘들어했다. 초기에는 후배도 이직을 생각하지 않았다. 이직에 대한 두려움 때문이었는지도 모른다. 사람 때문에 이직할 때는 주변의 편견과 새로운 환경에 대한 많은 용기가 필요하다. "잘 다니던 회사를 나왔다는데 문제가 있었나?", "상사한테 찍힌 거 아니야?" 등의 주변 시선이 존재하기 때문이다.

후배는 결국 이직을 선택했고, 이후 만났을 때 새로운 직장에 대해 물어봤다. 일부러 지역까지 옮겨가며 새로운 직장을 선택한 터라, 걱정이 컸는데 이제는 행복하다는 후배의 말에 축하를 전하면서, 한편으로는 인생의 선배로서 미안한 마음도 들었다. 그래도 만족하며 회사에 다니는 후배를 보면서 때로는 떠나는 용기가 필요할 수도 있겠다는 생각이 들었다. 언어폭력을 일삼는 관리자와 계속 생활했다면 세상과 사람을 바라보는 시각 또한 부정적으로 변했을 것이다. 후배의 삶이 피폐해지는 것은 물론이다.

누군가의 언어폭력으로 모든 것이 끝난 것 같고, 지금까지 지켜온 가치가 허무해 보이고, 우울한 감정이 내 삶을 지배해버렸을 때는 떠나는 용기를 내보길 바란다. 떠나는 용기는 실패가 아니다. 인생이란 긴 길에서 웅덩이를 발견하고 옆으로 돌아가는 것일 뿐이다. 웅덩이를 피하는 게 비겁하고 잘못된 행동인가? 그렇지 않다. 오히려 웅덩이에서 빠져나오지 못하는 게 더 큰 문제다. 자신과 자신의 소중한 가치가 무너질 것 같을 때는 떠나는 용기를 내보자.

> "
> 똥은 더러워서 피하는 것이지, 무서워서 피하는 것이 아닙니다. 피하지 않고 직진만 고집하는 내가 이상한 게 아닐까요?
> "

04 │ 진정한 용서해보기

"원수를 사랑하라." 언어폭력으로 괴롭힘을 당하던 시절, 내게 매번 물어보았다. 정말 원수를 사랑할 수 있을까? 그 사람만 봐도 마음 깊은 곳에서 미움, 분노, 원망, 두려움이 가득 차오른다. 그런 사람을 사랑하라고? 가끔 사랑하는 노력이라도 해보려 언어폭력자에게 잘해주었더니, 그는 나를 더 못살게 굴었다. 나를 괴롭히는 사람을 사랑하는 건 불가능하다고 믿었다.

그러나 영화 〈원두막〉을 보면서 용서의 의미를 제대로 이해하게 되었다. 〈원두막〉에서는 연쇄 살인마가 눈에 넣어도 아프지 않을 천사 같은 여자아이를 살해한다. 딸을 잃은 아버지가 연쇄 살인마를 용서하는 과정을 잘 묘사한다. 종교적 색채를 띤 영화이긴 하지만 진정한 용서의 의미를 잘 알려준다.

딸을 잃은 아버지는 원두막에서 하나님을 만나게 된다. 아버지는 눈앞에 있는 하나님이 놀랍기만 하다. 한편으로 평생 하나님을 믿고 찬양했는데 왜 자기 딸이 연쇄 살인범에게 살해당하는 끔찍한 순간을 그냥 지켜보았는지 원망한다. 아버지는 왜 그 살인범이나 세상의 나쁜 인간들을 당장 지옥으로 보내버리지 않는지 하나님에게 따진다. 그때 지혜의 성령이 주인공 아버지에게 묻는다.

"당신은 그렇게 쉽게 인간을 평가하고 재판할 수 있군요. 당신에게 지금 자녀가 둘 있습니다. 둘 중 하나는 꼭 지옥에 가야 합니다. 누구를 보내겠습니까?"

아버지는 답하지 못한다. 아무리 잘못을 저질렀어도 자식을 지옥에 보내는건 불가능하기 때문이다. 연쇄 살인마는 어릴 때 아버지에게 성적 학대를 당한 불쌍한 사람이었다. 연쇄 살인마의 행동은 그가 처한 환경에서 비롯된 것이다. 영화에서 인간은 모두 하나님의 사랑하는 자녀이다. 하나님은 어려운 환경에서 고통받는 모두를 위해 눈물을 흘린다. 딸의 아버지는 하나님의 말씀을 들으면서 어렵지만, 살인마를 진심으로 용서하고 딸을 천국에 보낸다. 그 과정에서 아버지는 한없이 눈물을 흘린다.

용서하기 위한 첫 번째 단계는 상대를 이해하는 것이다. 그것이 중요한 이유는 상대가 내게 한 무자비한 언어폭력이 그의 어려웠던 환경에서 나온 것이기 때문이다. 충분한 이해와 용서는 언어폭력자의 폭언과 그 사람을 분리해서 바라볼 수 있게 한다. 쉽게 말해 상대가 언어폭력을 하는 것은 내가 가치가 없거나 무능력하거나 소중하지 않아서가 아니다. 언어폭력자의 행동은 그가 살아가는 삶의 방식이며 그의 기질이 반영된 것이다. 이해할 것은 바로 그것이다. 언어폭력자의 실수나 잘못을 지적하는 것조차 부정하는 것은 아니다. 필요 이상으로 상처를 주거나 씻을 수 없는 정신적 충격을 주는 것을 사람과 분리해서 이해하자는 것이다.

"
용서한다는 건 쉽지 않습니다. 그러나 용서는 상대를 잘못으로부터 풀어주는 게 아니라, 나를 상처로부터 풀어줍니다.
"

05 이 또한 지나가는 비결

오랜 시간 사람 만나는 일을 하다 보니 관찰력이 좋은 편이다. 객관적으로 증명할 수 없지만, 타인의 생활방식과 특징을 곧잘 알아챈다. 또 얼굴은 한 번 보면 잘 잊지 않는 편이다.

감정은 복잡한 메커니즘을 갖고 있다. 이번 꼭지에서는 '감정 주머니'에 관해 이야기해보려고 한다. 감정 주머니는 흔히 쓰는 단어이다. 이 감정 주머니에 안 좋은 감정이 담기면 쏟아 버려야 한다는 이야기를 주로 듣는다. 나는 누구에게나 감정 주머니가 있다고 믿는다. 감정이 담기는 기간에 따라 감정 주머니의 종류는 크게 2가지라고 생각한다.

단기 기억력과 장기 기억력이 다른 것처럼, 첫 번째 감정 주머니는 매우 크고 그 안에 구멍이 촘촘히 있어서 감정을 담으면 서서히 빠져나가는 특징을 보인다. 이를 '단기 감정 주머니'라고 칭해본다. 다른 하나는 '장기 감정 주머니'이다. 주머니 크기는 작지만, 구멍이 거의 없어서 한 번 들어온 감정이 잘 빠져나가지 않는다. 우리는 이 2가지 감정 주머니를 모두 갖고 있지만, 지금 내가 느끼는 감정이 어느 곳에 담겼는지 인지하면서 살아가지는 않는다.

언어폭력을 당하는 상황에서는 현명하게 대응하기 위해 2가지 감정 주머니를 인식하는 게 중요하다. 언어폭력으로 인해 안 좋은 감정이 단기 감정 주머니에 담겼는데, '이런 기분은 평생 갈 거야. 내 인생은 계속 우울할 거야'라고 생각하면 삶은 실제로 그렇게 되고 만다. 언어폭력자에게 폭언을 들어서 안 좋은 감정이 생겼더라도 '지금 느끼는 감정이 단기 감정 주머니에 꽉 찼네. 시간이 지나면 곧 사라질 거야. 예전에도 안 좋은 일이 있어서 며칠 동안 힘들었지만, 지금은 생각이 잘 안 나잖아?'라고 생각하면 대수롭지 넘길 수 있다. 2가지 감정 주머니를 인지하는 것이 나쁜 감정에 현명하게 대응하는 방법이다.

우리는 살면서 자신의 상태를 인지하지 못할 때가 많다. 어느 날 골프를 치던 중에 퍼터로 홀에 공을 넣어야 하는 상황에 힘을 너무 많이 줘서 구멍을 지나쳐버렸다. 이런 실수는 초보자에게서 많이 발생한다. 힘을 너무 많이 줘서 공이 홀을 지나가버리는 실수를 자주 하다 보면, 그다음에는 공이 구멍 근처에 가지도 못할 정도로 소심하게 치게 된다. 나는 공이 멀리 도망갈까 봐 계속 조금 모자라게 치며 '왜 안 들어가는 거야?'하고 혼잣말을 했다.

그때 지인이 이렇게 말했다.

"멀리 치는 것도 문제지만, 소심하게 치는 게 더 문제야. 왜 그런지 알아?"

"모르겠어요."

"공을 넣는 방법은 간단해. 홀 위를 지나가면 되지. 세게 쳐서 공이 멀리 갈지라도 그 공은 운이 좋아 구멍에 들어갈 수라도 있지, 하지만 짧게 치는 공은 절대 홀에 들어갈 수 없어."

지인의 말처럼 홀을 지나가지 못하는 공은 들어갈 확률이 영이다. 성공할 확률이 0%인 행동을 지속하는데도 인지하지 못하는 경우가 있다. 감정도 마찬가지이다. 언어폭력으로 인해 지금 갖는 느낌이나 생각이 평생 지속될 것 같아서 소극적인 삶을 살기도 한다. 이러한 태도는 성공할 가능성을 0%로 만드는 결과를 만든다. 지금 언어폭력으로 인해 마음이 매우 힘들더라도, 감정 주머니를 생각하며 소극적인 자신을 만들기보다, 대담한 자신을 이끌어가길 바란다.

> **"**
>
> 결국, 시간은 갑니다. 그냥 시간을 보낼 것인지, 그 과정을 통해 성장할 것인지는 개인의 선택입니다.
>
> **"**

06 | 적극적으로 치료받기

직장 생활을 하다 보면 폭언이나 괴롭힘으로 인해 '마음의 병'이 생길 수 있다. 이 마음의 병은 여러 증상이 동시에 나타날 수도 있다. 마음의 병이 종합선물세트처럼 한꺼번에 찾아오면 삶은 불행해진다. 과로로 인한 '번아웃' 상태에서 상사에게 폭언까지 들으면, 우울증과 공황장애가 올 수 있다. 무기력감 또한 무시할 수 없다. 직장 생활에서 얻은 마음의 병은 이러한 증상들의 악순환에서 빠져나올 수 없게 한다.

오피스 우울증, 번아웃 증후군, 공황장애는 현대인의 대표적 정신질환이다. 이 마음의 병을 충분히 이해하고 적극적으로 치료하여 자신을 지켜야 한다. 커뮤라이제이션은 예방책일 뿐이다. 현재 마음의 병을 앓고 있다면 적극적인 치료를 하자.

1) 오피스 우울증

취업 포털 '잡코리아'의 조사에 의하면 직장인의 80%가 오피스 우울증을 경험한다고 한다. 대한민국 사회에서 우울증과 자살률은 떼려야 뗄 수 없는 문제다. 그래서 중앙자살예방센터에서는 직장인의 우울증에 관심을 두고 좋은 정보를 제공하고 있다. 하지만 여전히 "나 우울증을 겪고 있어"라며 속마음을 이야기하기란 쉽지 않다.

오피스 우울증을 일으키는 원인은 크게 2가지다. 첫 번째는 업무상 스트레스, 두 번째는 인간관계에서 오는 것이다. 특히 언어폭력을 가하는 사람과 함께 근무하면 엄청난 스트레스를 받게 된다. 폄하하기, 비교하기, 왜곡하기, 말꼬리 잡기, 망신 주기 등 폭언에는 인격을 모독하는 다양한 의미가 숨어 있기 때문에, 이를 견디기는 쉽지 않다.

업무상 스트레스보다 인간관계에서 오는 문제가 더 크다. 특히 언어폭력으로 인한 우울증은 적극적으로 치료해야 한다. 중앙자살예방센터에서 제공하는 '직장 내 스트레스 지수'를 참고하면 내가 얼마나 많은 스트레스를 받고 있는지 알 수 있다. 지금 마음이 매우 약해져 있거나 매우 힘든 상황에 처해 있다면, 가까운 정신과 의원이나 심리상담센터를 방문하길 바란다.

나 역시 직장 상사의 폭언으로 심한 우울증을 경험했다. 우울증은 사람을 무기력하게 만든다. 모든 것을 부정적으로 생각하게 한다. 그러다 보니 삶의 만족도는 낮아진다. 폭언하는 사람 때문에 우울증에 걸릴 정도로 우울해지면 삶이 얼마나 힘든지 잘 안다.

직장 상사의 언어폭력으로 힘들 때 정신과에 가서 상담을 받았다. 그때 원장님께서 이렇게 조언해주셨다.

"폭언하는 사람을 바꾸기는 매우 어렵습니다. 그와 멀리 떨어져서 일하는 게 제일 좋지요. 하지만 그렇게 할 수 없는 상황이라면 마음의 병을 치료해야 합니다."

원장님의 조언을 받아들여 치료에 적극적으로 임했다. 다행히 시간이 흐른 후 조직 개편으로 폭언하는 상사와 떨어져 지내며 직장 만족도와 성과가 좋아지고 삶이 긍정적으로 바뀌게 되었다. 우울감이 당신의 삶을 지배하고 있다면 적극적으로 치료하기를 권한다. 이런 치료가 이뤄지기 전에 언어폭력 때문에 극단적인 선택을 하는 사람들의 이야기를 뉴스에서 접할 때면 많은 아쉬움과 안타까움을 느낀다.

2) 번아웃 증후군

"현대 사회의 탈진 증후군이나 연소 증후군을 뜻하는 심리학 용어로, 어떤 일에 지나치게 집중하면 어느 시점에서 갑자기 모두 불타버린 연료와 같이 무기력해지면서 업무에 적응하지 못하는 상황으로, 일과 삶에 보람을 느끼고 충실감에 넘쳐 신나게

일하던 사람이 어떤 이유에서건 그 보람을 잃고 돌연히 슬럼프에 빠지게 되는 현상이다."《네이버 지식백과》

쉽게 말해 '번아웃 증후군'은 에너지를 너무 태워서 앞으로 나아갈 힘마저 없는 상태를 가리킨다. 출퇴근 시간을 아끼기 위해 회사 앞 찜질방에서 자며 일할 때가 있었다. 시간이 갈수록 몸이 허약해지고 집중력이 떨어지더니 나중에는 하얀 재가 된 것처럼 쉬운 일마저 힘들게 느껴졌다. 그러다 결국, 주말이 되면 아무것도 하지 못하고 누워만 있게 되었다.

'제발 좀, 나 좀 그냥 내버려둬.'

이런 생각에 출근하는 것조차 너무 힘들었다. 업무량도 엄청나서 매일 야근하지 않으면 소화하기 어려웠는데, 상사의 채찍질은 나를 불태우는 원인이 되었다. 번아웃 증후군은 사소한 업무조차 집중하기 어렵게 만들었다. 생각이 필요하지 않은 단순작업에도 집중력을 발휘해야 했으며, 우울감이 동시에 찾아와 나를 더욱 힘들게 했다.

한번은 상사의 폭언과 과도한 업무량이 너무 힘들어서 상사에게 마음을 털어놓았다. 결국, 돌아온 말은 이랬다.

"네가 원해서 일하는 거잖아. 못하겠으면 관둬야지."

맞는 이야기지만 같은 팀원으로서 너무나 매정하단 생각이 들었다. 신입사원 때 정년을 앞둔 분이 이런 말씀을 해주었다.

"빨리 가면 지친다. 천천히 꾸준히 가는 게 더 중요해."

지금 생각해보면 맞는 말이다. 업무에 열정이 남달라 불태워 일하다 보니 어느새 하얀 재가 되어버렸다. 번아웃 증후군은 나를 더 힘들게 했다. 그후 나는 소진된 나 자신과 가족을 돌보지 못했다.

나와 가족을 치유하기 위해서 육아휴직을 신청하여 6개월간 가족과 소중한 시간을 보냈다. 어느 날 기업 CEO 조찬 모임에 참석한 적이 있었다. 매우 부유한 CEO가 나와 이렇게 말했다.

"사업으로 성공했을지 모르지만, 가정에 매우 소홀한 것이 평생 마음의 짐입니다. 다시 돌아간다면 그때처럼 일하지 않을 것입니다."

그 메시지가 육아휴직을 결정하는 데 큰 도움이 되었다. 지금 돌아보면 매우 잘한 결정이다. 번아웃된 자신을 발견한다면, 쉽진 않겠지만 휴식 기간을 충분히 갖는 것이 필요하다.

3) 공황장애

"공황장애는 불안 장애 중에서도 가장 격렬하고도 극심한 장애다. 갑작스럽게 밀려드는 극심한 공포, 곧 죽지 않을까 하는 강렬한 불안인 공황 발작이 반복적으로 경험된다. 공황 발작은 교육 정도나 성격 특성과 관계없이 누구에게나 일어날 수 있으며, 현대인에게 공황장애는 점차 늘어나는 추세이지만 정확한 원인은 아직 밝혀지지 않았다. 생물학적 요인과 심리적 요인이

복합적으로 작용한다고 보고 있다."((네이버 지식백과))

　많은 업무량과 폭언하는 상사 때문에 스트레스를 받고 있을 때였다. 주말에 쉬려고 소파에 누웠는데 불안감이 엄습했다. 숨이 쉬어지지 않아 이러다 죽겠구나 싶었다. 공황장애였다. 그 불안감은 지금도 잊을 수 없다. 지속적인 폭언을 경험하기 전에는 매우 긍정적이고 활력이 넘치는 사람이었다. 그러나 폭언으로 공황장애를 겪은 다음 내 삶은 완전히 바뀌었다. 이유 없이 불안감이 들이닥쳤기 때문이다.

　처음에는 몸에 이상이 있는가 싶어 건강검진을 받았지만, 아무 이상이 없었다. 그래서 난생처음 정신과를 찾았다. 검사를 한 결과 스트레스 지수가 매우 높게 나왔다. 나는 적극적인 태도로 치료에 임한 덕분에, 공황장애를 극복하고 지금은 불안한 감정 없이 긍정적으로 살고 있다. 지금 극도의 스트레스로 공황장애를 겪는다면 고민할 필요 없이 정신과 전문의를 만나 안정된 마음을 되찾고 자신의 삶을 사랑하는 사람으로 재탄생하기 바란다.

4) 마음의 병의 치료제, 취미

　마음의 병을 치료할 때 전문가들이 공통으로 하는 말이 있다. 취미 생활을 하라는 것이다. 취미는 삶의 활력소가 된다. 스트레스를 긍정적으로 푸는 방법이 될 수도 있다. 내가 말하려는 것은 그냥 취미 생활을 하라는 것이 아니다. 자기를 계발할 취미를 찾으라는 의미도 아니다. 진짜 취미를 찾으라는 말을 하고 싶다. 진짜 취미는 무엇일까? 마음의 병을 치료하기 위한 취미 생활은 나를 정의할 수 있는, 나를 진정으로 행복하게 하는 활동이라고 생각한다. 나를 잘 알게 해주고 나를 행복하게 해줄 수 있다면 무엇이든 상관없다.

나는 마음의 병이 생겼을 때 여러 취미 활동을 해봤다. 건강해지려고 즐겁지도 않은 근육운동도 해봤다. 그러나 그런 취미는 오래 가지 못했다. 안 맞는 옷을 입는 기분이 들었기 때문이다. 행복하다는 생각보다 숙제하는 느낌이었다.

여러 취미 생활을 경험하면서 이제 내게 딱 맞는 취미가 생겼다. 그건 바로 색소폰 연주이다. 10년 동안 했는데도 실력은 많이 늘지 않았다. 하지만 중요한 것은 진실로 행복하다는 것이다. 내게 색소폰 연주는 누군가에게 보여주기 위한 취미가 아니라 나를 사랑하고 행복하게 해주는 취미다. 마음의 병으로 너무 지쳐 있다면 진정 나 자신이 원하는, 나를 행복하게 하는 취미 생활을 하나쯤 가져보면 좋겠다.

> **"**
> 그냥 참거나 혼자 해결하려 하지 마세요. 우리는 모두 비슷한 고민을 하며 삽니다. 너무 힘들 땐 전문가를 찾아가 늦기 전에 치료받아야 합니다. 부끄러운 게 아닙니다.
> **"**

앞만 보며 회사를 위해 열심히 일한 부장님이 있었다. 그분은 회사의 중간 관리자로 직원들에게는 우산이 되어주었다. 상위 매니저들을 위해서는 최선과 마음을 다한 분이었다. 그렇게 직장에 많은 의미를 두며 일과 집밖에 모르고 살았다.

그러던 어느 날 갑자기 회사에 조직 개편이 단행되어 퇴사하게 되었다. 1년이 지난 후 갑자기 부장님에게 연락이 왔다. 커피 한잔하며 얼굴이나 보자고 했다. 갑작스러운 퇴사에 연락하기가 죄송했는데 먼저 연락해줘서 반가웠다. 반갑게 인사하고 그동안 어떻게 지냈는지 이야기를 나눴다. 부장님은 회사를 관두고 나서 여러 가지를 느꼈다고 했다.

"직장을 다니면서 정말 성실히 일했어. 앞만 보고 달렸지. 그런데 갑자기 회사를 나와서 보니까 내가 할 수 있는 게 별로 없는 거야. 정말 막막하더라고…."

부장님은 재취업했지만 이제 자신의 경쟁력을 높이기 위해 노력하고 있다고 했다. 그러면서 예전으로 돌아간다면 일도 중요하지만 스스로 살아남을 수 있는 경쟁력을 키우겠다고 했다.

경쟁력과 관련하여 이런 질문을 했다.

"상사가 원하는 방향대로 앞만 보며 일하면 내 경쟁력도 생길까요?"

그러나 그렇게 살아온 부장님의 답은 'NO'였다. 개인의 경쟁력은 무조건 시키는 일만 잘하는 것이 중요한게 아니라 추가적인 노력이 필요하다고 했다. 그 부장님은 언어폭력 상사와 함께 근무한 경험이 있는데 당시에 매우 열심히 근무했다. 그러나 지나고 남는 건 언어폭력으로 인한 상처라고 했다.

"회사 나오고 그 상사와 연락하세요?"

부장님은 "아니!"라고 하며 얼굴을 찡그렸다. 나는 더 묻지 않았다. 아무리 일을 잘하는 사람과 같이 근무해도 상처를 준 사람이라면 연락하고 싶지 않은 건 당연하니까. 회사를 위한다는 명분으로 타인에게 상처를 입히는 사람은, 자신만이 회사를 위해 최선을 다한다고 생각하고 자기 덕분에 회사가 잘 돌아간다고 생각한다. 그러나 그는 자기의 폭언 때문에 의사소통이 안 돼 직원들의 사기와 생산성은 줄어가는 것을 인식하지 못했다. 회사를 위해 언어폭력을 사용해서라도 직원들을 관리한다면, 그 시작은 달콤할지언정 그 결말은 실패일 확률이 높다.

7장

바로 쓰는
5가지 대화 기술

말을 잘하는 것 못지않게 말실수를 하지 않는 것 역시 중요하다. 한 번의 말실수가 모든 노력의 결과를 물거품으로 만들 수 있기 때문이다. 대화에는 정답이 없다. 하지만 사람들이 싫어하는 패턴은 존재한다. 성공 확률이 높은 패턴, 실패 확률이 적은 패턴을 선택할 뿐이다. 여기 성공 확률이 높은, 바로 사용 가능한 5가지 대화 기술을 소개한다.

01 | 말하지 않으면 이기는 대화

사람은 화가 나면 흥분한다. 흥분은 커뮤니케이션에서 긍정적 결과보다 부정적 결과를 낳는다. 대화의 승자는 여유를 갖고 이끌어가는 사람이다. 상대는 웃자고 말했는데 당신이 죽자고 덤벼들면 분위기는 이상해진다. 상대가 흥분한 건 쉽게 알아볼 수 있어도 내가 흥분한 건 인지하기가 쉽지 않다. 당신이 흥분했다는 사실을 자각할 수 있는 몇 가지 방법을 알아보자.

① 억울하다는 생각이 들면서, 어떻게 설득해야 할지 고민한다.
② 상대에 대한 악감정이 멈춰지지 않는다.
③ 대화는 끝났는데 석연치 않았던 주제를 다시 꺼내고 싶다.

④일에 집중하지 못하고 상대의 표현이 머릿속에 맴돈다.

⑤극단적인 생각(난 찍혔다/ 난 끝났다/ 난 실패다)을 한다.

흥분하면 대화가 감정적으로 흐르기 쉽다. 설령 이성적이고 논리적인 내용이라고 해도 흥분한 상태로 이야기하면 상대 역시 감정적으로 받아들이기 쉽다. 술을 마시면 가끔 용감해지는 자기 모습을 발견할 때가 있다. 그러나 다음 날 머리를 쥐어짜며 후회한다. 대화도 마찬가지다. 흥분은 대화라는 도로 위의 음주운전과 같다.

내가 흥분한 것을 인지했다면 어떡해야 할까? 가장 좋은 방법은 함구하는 것이다. 마음의 여유를 찾을 때까지 기다려야 한다. 지금 반드시 말해야 할 것 같지만 조급해하지 않아도 된다. 서두르면 일을 그르치기 쉽다.

강하게, 때로는 부드럽게 말할 줄 알아야 한다. 골프에서 공을 똑바로 멀리 치려면 힘을 빼라고 한다. 메시지도 똑바로 멀리 보내려면 힘을 빼야 한다. 유연해지면 대담해질 수 있다. 언어 공격을 받을 때도 대화에 힘을 잔뜩 넣기보다 힘을 빼야 한다. 그래야 상대에게 더 대담해질 수 있다.

K 사의 김 대리는 사수인 박 과장의 과도한 업무 지시와 언어폭력으로 힘들어한다. 박 과장은 김 대리에게 상반기 예산안 자료를 만들라고 지시했다. 업무를 시킨 지 10분도 안 되어 김 대

리는 박 과장에게 문자 메시지를 받았다.

박 과장: 김 대리! 잘하고 있어? 빨리해줘.

김 대리: 네, 과장님 빨리해서 드릴게요.

10분 후 다시 메시지 알림음이 울린다.

박 과장: 김 대리! 빨리해. 뭐 해?

김 대리: 과장님 조금만 기다려주세요. 이제 시작한 지 20분밖에…. ㅜㅜ

박 과장: 뭐야? 20분이면 벌써 했어야지! 당신 능력이 부족한 거지. 그리고 지난번 회의 내용 정리해서 그것도 같이 줘!

김 대리: 네.

10분 후 다시 메시지 알림음이 울린다.

박 과장: 지금 나랑 장난해? 당장 가져와! 그리고 내일 회식 장소 예약하고 자리 배치도 가져와!

김 대리: 네….

박 과장은 10분마다 지시한 업무 내용을 확인한다. 동시에 새로운 업무를 주면서 김 대리 숨통을 조인다. 회사가 바쁠 때는 이해가 된다. 하지만 김 대리는 평소 박 과장이 자신을 노예처럼 부리는 것 같다. 함부로 대하는 박 과장에게 김 대리는 화가 난다. 김 대리는 얼굴이 굳어지고 박 과장에게 어떻게 대응해야 할지 고민에 빠진다. 김 대리의 속에서는 불이 나는 것 같다. 박 과장과 같은 사무실에 있는 것 자체가 화가 난다. 당장 가서 박 과장 얼굴에 서류를 던지고 사표를 내고 싶다. 업무에 집중하기 어렵다. 10분마다 울리는 카톡 알림음 때문에 미칠 것 같다. 결국 김 대리는 일어나서 박 과장에게 가서 말했다.

김 대리: 과장님, 업무를 너무 즉흥적으로 지시하셔서 불편합니다.

박 과장: 뭐? 네가 미쳤구나!

김 대리: 누가 미쳤는지는 잘 생각해봐야 할 것 같은데요?

박 과장: 네가 정신줄을 놨구나?

이렇게 대화가 진행되면 잊지 못할 상처만 입게 된다. 지금 당장 화가 나고 부당하다고 느껴도 흥분한 상태로 말하면 안 된다. 얻는 것보다 잃는 것이 더 많다. 사람마다 이해하는 그릇의 크기가 다르다. 그릇이 작은 사람에게 불평을 말하면 '도전'이라는 인식을 줄 수 있다. 그릇이 작은 사람에게 도전하는 것은 어리석은 행동이다. 그릇이 작은 사람은 어떻게든 불이익을 주기 때문이다. 내 화를 전달하는 순간은 마음이 편할지 모른다. 하지만 후폭풍은 감당하기 어려울 수 있다.

다시 말하지만 함구하는 이유는 흥분한 상태로 말실수할 확률을 줄이기 위해서다. 그러나 함구하는 동안 상대방의 의도나 상황을 과장해서 생각하지 않아야 한다. 이는 더 큰 스트레스와 우울한 감정으로 돌아올 수 있다. 내가 지금 흥분한 상태니까 다음에 말하자고 넘길 줄 알아야 한다. 흥분한 나를 바라보고, 상황을 과장해서 생각하지 말고, 여유가 생겼을 때 해결책을 생각하고 내 의사를 전달해보자.

02 | 브레인스토밍의 제1조건

식품회사에서 근무하는 김 과장은 최 부장과 같이 점심을 먹게 되었다. 최 부장은 신제품을 개발하라는 회사 요청에 스트레스를 받고 있었다.

최 부장: 김 과장, 회장님께서 신제품을 개발하라고 하셨는데 신선한 아이디어 없나?

김 과장: 그러게요. 요즘 고민해본 아이디어가 하나 있습니다. 요즘 아이들 사이에서 캐릭터 변신 로봇이 매우 유행인데요. 저희 음료수 뚜껑에 캐릭터 스티커를 붙여서 아이들끼리 게임을 할 수 있으면 좋겠다고 생각했습니다.

최 부장: 김 과장, 요즘 회사에서 경비를 줄이라고 하는데 스

티커 비용은 어떻게 마련할 거야? 안 돼, 안 돼. 돈 들어가는 건 절대 이야기하지 마. 회장님 싫어하셔.

김 과장: 아이들이 좋아할 만한 공룡 모형의 음료수 출시는 어떨까요?

최 부장: 공룡은 별로야.

최 부장의 반응에 김 과장은 할 말이 잃었다. 모든 의견을 부정적으로 평가하니 힘이 빠졌다. 김 과장은 계속 반대만 하는 최 부장에게 지쳐서 함구하기 시작했다.

새로운 아이디어를 제안할 때는 듣는 상대의 대화 태도가 매우 중요하다. 그래서 새로운 아이디어를 이야기할 때 브레인스토밍 방식을 많이 활용한다.

"브레인스토밍은 1941년 미국의 광고회사 부사장 알렉스 F. 오즈번이 제창하여 그의 저서 《독창력을 신장하라》(1953)로 널리 소개되었다." (《두산백과》)

브레인스토밍은 회의에 참여하는 사람들이 자유발언을 하여 더 우수한 아이디어를 생산하는 데 목적을 두고 있다. 보통 브레인스토밍이라고 하면 자유롭게 본인의 의견을 이야기하는 것이라고 알고 있다. 그런데 많은 사람이 브레인스토밍의 정의와 목적을 알고 있으나 브레인스토밍을 진행할 때 꼭 하지 말아야 하는 수칙을 모르는 경우가 많다.

그것은 "상대의 의견을 곧바로 비판하지 말자"이다. 자유발언이다 보니 무심코 생각한 아이디어를 이야기했는데 그게 현실에 맞지 않는다든지, 논리적이지 않는다든지 하는 식으로 비판해버리면 제안이 단절된다. 브레인스토밍의 취지를 막는 것이다. 상대의 의견이 논리적이지 않거나 생산성이 없어 보여 즉각 조언이나 비판을 하다 보면 자연스레 대화는 줄어든다. 자유로운 의견을 제시하는 문화를 조성하는 데도 방해가 된다. 새로운 아이디어는 처음에 엉뚱한 발상에서 시작해서 세상을 바꿔놓는다. 브레인스토밍을 통한 많은 아이디어 중 제일 좋은 것을 채택하고 보완하면 되는 것이다. 서로의 생각을 재단하는 데 많은 시간을 쓰면 소중한 아이디어는 사라지고 만다.

브레인스토밍을 통해 다른 아이디어를 제안했음에도 다르면 틀렸다고 생각하는 리더들이 있다. 부정적으로 생각하는 직원들을 골라내야겠다면서 다른 의견을 제시하는 직원에게 촉각을 곤두세우는 리더도 있다. 회사의 전략과 방향에 반대하는 의견을 제시하는 직원을 혼내는 경우가 더러 있는 것이다. 반대 의견을 제시한다고 부정이라고 정의 내리는 것은 다르다가 아니라 틀리다는 관점에서 비롯된 것이다. 이러한 환경을 만들면 직원들은 몸을 사린다. 적극적으로 의견을 제시하지 않게 된다.

직원들의 의견을 바로 판단하고 재단하지 않은 것으로 유명한 CEO들의 이야기를 공유하려 한다.

스크린골프로 업계 1위 중소기업 성공 사례의 대상이 된 골프존 본사에 방문할 기회가 있었다. 우연히 골프존 회장님을 대면하며 스크린골프를 즐겼던 경험을 바탕으로 개선 사항을 몇 가지 말씀드렸다. 회장님의 반응은 어땠을까? 회장님은 내가 말을 마칠 때까지 경청해주셨다. 골프존에 관한 관심과 숙고한 의견에 감사하다는 인사를 건넸다. 끝까지 경청해주신 태도에 감사했으며, 내 의견이 반영될 것 같아 뿌듯했다. 그 후 지인을 통해 알게 된 사실은 최근 나와 똑같은 의견을 회장님에게 말하는 사람이 숱하게 많았다고 했다. 내 의견은 누구나 생각할 수 있는 아주 작은 생각이지만, 회장님은 이미 들은 의견인데도 중간에 자르지 않고 끝까지 들어주셨다. 일반인보다 몇백 배 더 고민했을 텐데 대화를 끊고 설명하려 하지 않았다. 몇 년이 지난 지금도 회장님의 경청 태도가 머릿속에 생생히 남아 있다.

세계적인 제약회사 화이자(Pfizer)의 전 CEO 제프 킨들러는 바지 주머니에 늘 1센트 동전 10개를 넣고 다녔다. 직원과 대화하면서 상대의 의견을 충분히 경청했다면 동전 1개를 반대쪽 주머니로 옮겼다. 직원들의 의견을 거름망 없이 경청하는 제프 킨들러 회장의 이야기는 경청하는 자세의 상징적 사례로 유명하다. 만약 반대로 제프 킨들러 회장이 직원들에게 꼭 한마디씩

해줘야겠다고 생각하고 직원들에게 덕담할 때마다 동전을 옮겼다면, 그가 가지고 다녔던 동전 10개는 유명한 일화로 탄생하지 못했을 것이다.

03 | 상대를 지적할 땐 지적인 사람이 되자

　누구나 잘못된 결과의 원인이 되고 싶어 하지 않는다. 그러나 실생활에서 법정 드라마처럼 대화의 잘잘못을 가리는 사람들이 있다. 특히 회사는 원인과 결과를 명확히 밝혀서 이익을 창출하기 위해 많이 고민한다. 그렇다면 분석적 사고와 커뮤니케이션이 꼭 필요하다. 어떠한 현상이 발생했을 때 그것을 해결하고 재발을 방지하기 위한 대화가 아니라, 잘못만 찾는 대화가 존재한다. 무조건 잘못을 가려내려는 대화법 말이다. 이러한 대화법은 상대에게 의심을 받는다는 생각을 유발해서 상대를 방어하게 만든다. 이는 새로운 아이디어와 생산적 토론을 방해한다. 명확한 잘못이 있는데도 그 잘못을 말하지 말라는 것이 아니다. 다만 명백한 증거와 결론이 없는데도 상대의 잘못을 찾아내면 조직의 생산성이 떨어진다는 것이다.

자동차 영업부 1팀에 근무하는 박 대리는 고객과 미팅하는 중에 고객의 오해로 힘든 시간을 보냈다. 자동차 구매 후 2년이 지나 무상 수리가 안 되는데도 고객은 처음 듣는 말이라며 무상 수리를 요구했다. 당황스러운 박 대리는 고객에게 잘 설명했다. 고객도 오해 없이 귀가했다. 퇴근하는 길에 박 대리는 지점장에게 전화해 그 일을 말했다.

박 대리: 아니 글쎄 구매한 지 2년이 지난 차량을 무상 수리 해달라고 하는 거예요. 무조건 해달라고 해서 설명하기 힘들었습니다.

지점장: 차량 구매했을 때 설명 들었을 텐데….

박 대리: 맞습니다. 처음에 계약할 때 다 설명하잖아요.

지점장: 혹시 박 대리가 계약할 때 설명 빼먹은 거 아냐?

박 대리: 아니오. 전 계약할 때 계약 사항 다 읽어드려요.

지점장: 근데 왜 고객이 오해하지?

박 대리: 제가 다시 잘 설명해드렸고 오해 없이 귀가하셨습니다.

지점장: 다시 한번 잘 생각해봐. 계약할 때 설명 빠트린 건 아닌지…. 아니면 고객이 박 대리에게 다른 불만이 있어서 그런 거 아닌가 말이야.

박대리: 아닙니다. 잘 해결되었으니 신경 안 쓰셔도 됩니다.

박 대리는 그저 이슈 사항을 공유했을 뿐인데 누구의 잘못인지 탓하는 대화로 발전해버렸다. 박 대리는 전화를 끊고 "그냥 네 탓이야"라고 말하는 것 같은 지점장에게 짜증이 났다. 박 대리와 함께 근무하는 지점장은 회사에서도 대화하기 힘든 사람으로 유명하다. 대화할 때마다 잘못의 원인을 찾으려는 대화 방식 때문이다. 분석적 사고로 똑똑한 이미지를 구축하기 위해 노력하는 것은 좋다. 하지만 사람 사이에서 잘잘못을 따져 원인을 찾으려는 대화 방식은 상대의 적대감을 키운다.

남녀 사이에도 이러한 대화 방식이 있다.

여: 우리 상사 정말 제정신이 아니야. 어떻게 나한테 그런 말을 할 수가 있지?

남: 내가 봤을 땐 네게 문제가 있어. 네가 군대를 안 가봐서 그래. 군대 가면 집단생활이 뭔지 알 수 있어.

여: 뭐야? 내 잘못이라고 말하는 거야?

남: 너를 탓하는 게 아니고, 군대에 갔었으면 그런 상황까진 가지 않았을 거란 말이야.

여: 됐어. 그만해.

무심코라도 원인이 당신에게 있다는 느낌을 준다면 상대는 금방 알아차린다. 이렇게 대화하는 사람은 상대에게 도움을 준다고 착각한다. 원인을 찾아주면 자신이 유익한 존재가 된다고 생각한다. 대화에 부정적 부메랑을 날리면 당사자에게 돌아오게 된다. 상대에게서 잘못의 원인을 찾는 대화는 결국 스스로를 고립시킨다. 무조건 조언하며 당신의 위치를 확인하려 하면 안 된다. 경험이 많거나 지식이 많다 해도 상대를 탓하는 대화는 원활한 커뮤니케이션을 가로막는다. 상대에게 조언하고 싶고 해결책을 제시하고 싶다면 당신이 그 분야의 경험이 많고 지식이 많은 지적인 사람이 되어 보여주면 된다. 시간은 걸릴 수 있으나 한마디 툭 던지는 충고보다 모범이 되는 행동으로 보여주는 사람이 더 존경받을 수 있다.

04 | 업무 효율을 높여주는 업무 지시 방법

한 연구에 의하면 사람들은 일이 흥미로울 때 높은 성과를 낸다고 한다.[8] 상사로서 부하 직원이 일에 흥미를 갖게 하려면 우선 어떤 행동을 해야 할까? 먼저 직원이 집중하고 연구하는 분야에 부정적 감정을 드러내서는 안 될 것이다.

김 주임은 입사한 지 2년 차인 열정 넘치는 사원이다. 선배들의 기대에 부응하기 위해 부단히 노력한다. 회사에서 자신의 역할을 찾기 위해 더 많이 배우고 고민한다. 김 주임의 아침은 늘 활기차다. 지난 몇 주간 진행해온 첫 마케팅 계획 발표를 앞두

8) Christopher D. Nye, Rong Su, James Rounds, and Fritz Drasgow, "Vocational interests and performance: A quantitative summary of over 60 years of research", 〈Perspectives on psychological science 7〉, 2012, pp. 384~403.

고 있다. 긴장은 되지만 설레기도 한다.

　최 과장은 팀의 선임으로 김 주임의 첫 발표를 점검해주기로 했다. 발표 전날 최 과장은 신입사원치고 너무 잘 만든 발표 자료에 내심 놀랐다. 그런데도 선배로서 위신을 살려야겠다는 생각에 오타는 없는지, 현실성은 떨어지지 않는지 세세히 검토했다.

　최과장: 김 주임, 고생했네. 그런데 마케팅하는 사람으로서 제일 중요한 게 뭔 줄 알아?

　김주임: 아니요. 과장님께서 의견 주시면 고맙겠습니다.

　최과장: 바로 숫자야! 숫자가 모든 걸 말해주지! 그런데 김 주임, 올해 예상 매출액을 너무 많이 잡아놓은 것 아냐? 현실성이 좀 떨어지는 것 같아. 전공이 영문과라고 했나? 아무래도 그쪽 전공자들이 현실감이 좀 부족한 것 같더라.

　김주임: 죄송합니다.

　최과장: 아니 뭐 잘못한 것까진 아니고…. 그냥 좀 더 현실적으로 생각해봐. 내일 발표 잘 해야지!

　김 주임은 최 과장의 이야기를 듣고 일에 집중하기 어려웠다. 앞으로 마케팅 분야에서 성공하고 싶은데 영어 전공이 걸림돌이 되진 않을지, 현실감 없다고 최 과장이 다른 사람에게 말하지는 않을지 딴생각이 자꾸 떠오른다. 김 주임은 고개를 절레절레 흔들면서 다시 발표 자료를 수정해본다.

최 과장은 선배로서 발표 자료를 검토해주고 조언만 하면 충분했다. 최 과장은 자신의 의견을 강조하기 위해 김 주임의 전공을 편향된 이미지로 만들어 김 주임을 불안하게 만들었다. 꼰대는 자신의 의견을 강조하기 위해 쓸데없는 이야기를 하는 경향이 있다. 공과 사를 분리해서 일하라고 강조하면서, 상대의 개인정보를 캐내거나 사적인 이야기를 업무와 연계해 스트레스를 주는 아이러니한 장면을 연출한다.

취업 포털 '사람인'의 조사에 의하면, 직장인은 평균 9시간 근무하지만, 실제 집중하는 시간은 그 절반인 5시간이다. 집중하지 못하는 가장 큰 이유는 상사의 잦은 업무 지시와 심부름(38%) 때문이다. 회사의 목적은 생존과 번영이다. 그 목적 아래 직원들이 집중할 수 있는 환경을 만들어주는 것은 필수다.

7장 : 바로 쓰는 5가지 대화 기술

나의 대화 스타일에 대해 점검해본 적이 있는가? 개개인의 대화 방식이 다양하므로 정답이 존재한다고 말하긴 쉽지 않다. 다만 대화를 하다 보면 좋은 상대를 발견한다. 이러한 사람들의 특징들을 모아보니 'NEWS'라는 단어가 나왔다. 나의 대화 스타일은 어떤지 NEWS라는 단어를 점검해보면 말실수는 줄이고 기분 좋은 대화를 이끌어가는 데 도움이 될 것이다.

New Enjoyable Wide Short COMMUNICATION

– New(새로운 내용)

'유튜브'에는 신선한 주제와 내용이 날마다 업데이트된다. 구

독자를 유혹하기 위해 엄청난 양의 콘텐츠가 쏟아지고 있다. 유튜버들은 더 많은 관심을 불러일으키고 자신의 콘텐츠를 효과적으로 전달하기 위해 노력한다. 유튜버들의 최대 고민은 콘텐츠일 것이다. 사람들이 관심을 갖고 볼 만한 주제를 다루고 싶어 한다. 인간은 호기심의 노예라는 말이 있다. 매일매일 새로운 것에 귀 기울이는 것은 인간의 특징 중 하나다. 날씨 이야기도 좋지만, 상대의 호기심을 유발할 새로운 내용을 주제로 이야기를 시작하는 것이 좋다. 우리는 일상생활에서 유튜버이다. 각자의 채널을 라이브로 말하고 있을 뿐이다.

아이스 브레이킹(ICE BREAKING)은 고객과 대화를 시작하기 전, 딱딱한 분위기를 깨기 위해 고객이 흥미롭게 여길 이야기를 준비하는 과정이다. 날씨 이야기로 시작하는 아이스 브레이킹이 좋다. 하지만 주제가 너무 오래된 이야기이면 대화를 흥미롭게 시작하기 어려울 수 있다. 대화의 시작에서 상대의 호기심을 유발하는 것은 결코 쉬운 일이 아니다. 대화 기술이 점점 상향 평준화되는 요즘은 새로운 내용으로 대화를 시작하는 노력이 필요하다.

– Enjoyable(즐길 수 있는 내용)

새로운 대화 주제로 상대의 호기심을 자극하여 성공적인 대화를 시작했다. 그다음에는 상대가 즐길 수 있는 내용이어야 한다. 무조건 내용이 새롭다고 상대가 즐길 수 있는 건 아니다. 즐거움이라는 단어는 추상적이고 상대적이다. 내가 즐겁다고 한 이야기가 상대에게 불쾌한 내용이 될 수 있다는 것을 기억해야 한다. 내가 즐겁다고 생각해서 이야기했다가 본전도 못 찾는 사람들을 방송에서 종종 볼 수 있다. 대표 사례가 바로 성추행이다. 예를 들어 어떤 상사가 새로 들은 야한 이야기가 재미있어서 부하 직원들에게 말했다. 직원들은 성적 수치심을 느낄 수 있다. 이는 팀 문화에도 악영향을 미칠 수 있다. 누구나 즐길 수 있는 대화는 공감을 바탕으로 이뤄져야 한다. 상대의 웃음을 이끌어낼 줄 아는 사람들의 특징을 보면, 상대가 경험 해봤을 만한 이야기를 주로 한다.

반려견을 키우는 사람을 주변에서 많이 볼 수 있다. 반려견을 키우는 사람들에게는 다음의 이야기를 해주면 즐거워한다.

한 남성이 공원에서 산책하다가 갑자기 배가 너무 아팠다. 그런데 주변에서 화장실을 찾을 수가 없어 어쩔 수 없이 숲속에서 큰일을 보게 되었다. 그런데 갑자기 어디선가 호랑이만 한 개가 나타난 게 아닌가? 너무나 놀란 남자는 마무리도 못 하고 바지를 입었다.

그러자 개 주인이 뛰어와 "많이 놀라셨죠? 죄송해요"라며 사과를 했다. 그리고는 그 남자가 싼 똥을 보며, "아이고 언제 쌌데"

하며 비닐봉지에 남자가 싼 똥을 담아 갔다고 한다.

서울에 사는 한 남성이 부산에 여행을 가게 되었다. 이 남성은 모두가 식당에서 서빙하는 여성에게 "이모"라고 부르는 것을 보고는 신기하게 생각했다.

이모라고 부르니까 더욱 가깝고 친근하게 느껴졌다. 이 남성은 여행하던 중에 다른 식당에 들어갔다. 그리고 서빙하는 아저씨를 향해 친근한 미소를 지으며 이렇게 외쳤다.

"이모부!"

이 이야기는 내가 서울 사람들과 부산에 출장을 가게 되면 꼭 한 번은 써먹는 이야기이다. 부산에 가면 식당에서 "저기요" 대신 "이모"라는 말을 자주 듣기에, 듣는 사람들도 공감하며 함께 웃는다.

- Wide(폭넓은 내용)

A 회사에 근무하는 박 과장은 새로 입사한 김 사원이 기특하기만 하다. 김 사원은 일찍 출근하고 매사에 성실하여 다른 직원들에게도 인정받는다. 박 과장은 여동생 같은 김 사원이 스트레스를 받지 않을까 싶어 만날 때마다 유머로 긴장을 풀어주려 한다. 이런 박 과장의 모습에 김 사원 역시 고마움을 느낀다. 그

7장 : 바로 쓰는 5가지 대화 기술

러던 어느 날, 박 과장은 퇴근하는 김 사원에게 즐거운 저녁 시간을 보내라며 짧은 인사를 건넸다.

박 과장: 오늘 하루도 수고 많았어. 즐거운 저녁 보내. 근데 퇴근하고 보통 뭐 해?

김 사원: 네. 퇴근하고 운동하러 가요.

박 과장: 무슨 운동?

김 사원: 어, 필라테스 배우고 있습니다.

박 과장: 필라테스? 그거 비싼 운동 아냐?

김 사원: 기구로 하는 건 비싼데 제가 다니는 곳은 저렴한 편이에요.

박 과장: 그래? 기구 1개에 몇백만 원씩 한다고 들었는데…. 혹시 회사 사람이랑 같이 해?

김 사원: 아니요. 그럼… 내일 뵙겠습니다.

박 과장: 어… 어… 그래.

박 과장은 필라테스를 알고 있다는 사실을 공감하려 했을 뿐인데 오히려 불편한 대화가 되어버렸다. 나는 11년간 수많은 고객과 다양한 사람을 만나면서 대화에도 다음과 같은 영역이 존재한다는 것을 깨달았다.

①편안한 대화 구역(COMPORT AREA)

어떤 누구와 대화를 하더라도 공유할 수 있는 나의 이야기 또는 타인의 이야기를 말한다. 크게 고민하거나 필터링하지 않고도 바로 나오는 이야기 주제로 대화하는 영역이다.

②조심스러운 대화 구역(CONCERNED AREA)

다소 조심스럽게 생각하고 말하는 대화 영역이다. 내 생각이 어떻게 평가될까 하는 고민이 수반된다.

③매우 사적인 대화 구역(CONFESSED AREA)

가능하면 가족이나 절친 외에는 말하고 싶지 않은 주제의 대화 영역이다.

이 3개 영역이 전혀 다른 대화 주제를 가지는 것은 아니다. 예를 들어 편안한 대화 구역(COMPORT AREA)은 취미, 조심스러운 대화 구역(CONCERNED AREA)은 가족, 매우 사적인 대화 구역(CONFESSED AREA)은 이성 친구 등으로 분류될 수 있지만, 1가지 주제도 3가지 대화 영역으로 나뉠 수 있다.

취미라는 대화 영역을 살펴보자. 취미의 편안한 대화 구역은 "저의 취미는 요가입니다"가 될 수 있다. 조심스러운 대화 구역의 예로는 "저는 요가를 직장 동료인 박 대리와 같이 합니다", 매우 사적인 대화 구역의 예는 "저는 요가를 통해 직장 동료 박 대리와 교재를 시작했습니다"이다.

앞에서 필라테스를 주제로 대화를 시도한 박 과장은 김 사원에게 편안한 대화 구역에서만 대화를 나눴으면 좋게 헤어질 수 있었다. 하지만 김 대리는 박 과장의 질문이 편안한 대화 구역을 넘어 조심스러운 대화 구역까지 넘어와서 불편함을 느꼈다. 직장 내 대화는 가능하면 넓은 영역, 즉 편안한 대화 구역에서 진행하면 좋다. 그래야 동료들과 편안하게 대화할 수 있다.

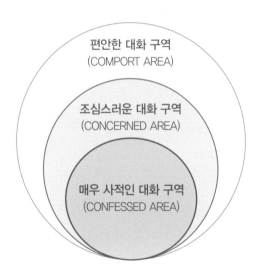

Short(짧은 내용)

아무리 좋은 이야기라도 길어지면 힘들다. 칭찬도 길어지면 상대를 지치게 만든다. 대화에서 가장 중요한 부분은 대화가 길어지면 안 된다는 것이다. 나이가 들면 들수록 입은 닫고 지갑은 열라고 한 말은 그래서 나온 것 같다. 나도 모르게 나이가 들수록 말이 길어진다. 아무래도 경험한 것이 많고 해주고 싶은 이야기가 많아서 그런 것 같다. 하지만 좋은 이야기도 길어지면 힘든 것이 사실이다. 대화할 때 호기심과 즐거움과 공감이 중요하지만, 이 요소들이 빛을 보기 위해서는 말이 짧아야 한다.

> "
> 인생은 너무 짧다! 그러나 당신의 대화는 아주 길 수 있다
> (Life is too short! But your communication can be
> too long).
> "

Real story ————

남에게 준 상처는 잊히지 않는다.

정년퇴직은 많은 것을 의미한다. 집에서 보내는 시간보다 회사에서 보낸 시간이 더 많다는 뜻이다. 그러므로 직장 동료들과 만든 에피소드가 아주 많을 것이다. 정년퇴직할 때는 어떤 느낌이 들까? 시원섭섭할까?

어느 날 의외의 이야기를 듣게 되었다. B 회사에서 정년퇴직한 전무의 이야기다. 워낙 무섭기로 소문난 전무였다고 한다. 그 자리까지 올라가기 위해 매우 치열하게 살았다고 한다. 정년퇴직하는 마지막 날, 그는 모든 직원 앞에서 짧은 연설을 했다. 연설의 첫 문장이 뜻밖이어서 직원들이 다소 놀랐다. '함께 해 줘서 고맙고, 회사에 감사하고, 아쉽다'라는 내용이 아니었기 때문이다. 그의 마지막 인사말은 다음과 같았다.

"이렇게 많은 분이 와 주셔서 감사합니다. 이제 회사를 떠나 제2의 인생을 찾아 떠나려고 합니다. 그동안 회사 생활을 하면서 제가 여러분 마음에 상처를 입혔다면 용서해주시기 바랍니다."

첫 문장은 동료들에게 사과하는 내용이었다. 동료 중 1명은, 그가 이제 일반인으로 돌아가는 상황에서 그동안 직원들을 못살게 군 것에 대해 자기 마음 편해지고자 그렇게 연설한 거라고 했다.

직원들에게 용서를 구하는 문장으로 시작하는 연설의 배경이야 어찌 되었든, 그 역시 직장 생활을 하면서 직원들에게 어떤 목적을 달성하기 위해 마음에 상처를 주었다고 인정한 것이다. 직장 생활하면서 상처를 주고받는 과정이 없을 수는 없다. 그리고 직장 생활을 마치는 날까지 서로에게 준 상처가 최선을 다했다는 명분으로 정당화될 수도 있을 것이다. 개인마다 생각이 다르지만 나는 전무의 마지막 사과가 직장이 어떤 곳인지 다시 한번 깨우쳐주는 좋은 계기가 되었다고 생각했다. 회사는 주주의 이익을 위해, 직원들의 복지와 생계를 위해 존재한다. 그 가치를 지키기 위해 직원들은 고민을 많이 한다. 전무의 마지막 연설은 상처 주는 말을 한 사실을 인정한 것이다. 이렇게 사과를 하지 않고 퇴직하는 이도 많다. 사회생활을 하다 보면 냉정하고 모질게 행동해야 할 상황이 분명히 있다. 다만 상대에게 상처를 주면서 내 역할을 찾아갈 필요는 없다. 상처는 부메랑이다. 언젠가 나에게 돌아온다. 누구나 정년이 되어 직장을 떠나 일반인으로 돌아가는 날, 상처 준 것을 사과하기보다는 서로 격려하며 좋은 추억을 많이 이야기할 수 있었으면 좋겠다.

마음의 상처 안에
꽃을 심자

누군가 나에게 이런 질문을 했다. 상처를 많이 받으면 마음의 굳은살이 생길까요? 그럼 덜 아플까요? 나는 이 질문에 그렇다고 답변했다. 하지만, 얻는 것이 있다면 잃는 것도 있다. 마음의 굳은살이 생기면 뾰족한 상처는 막을 수 있겠지만, 풍족한 행복감은 느끼지 못할 수 있다. 수많은 상처로 인한 마음의 벽은 많은 감정의 수용을 막는다. 상처 앞에 무뎌지는 마음의 굳은살이 필요하다고 생각한다. 하지만 더 중요한 건 코로나 바이러스를 막아주는 마스크와 같은 마음의 마스크다. 그럼 마음의 상처는 막되 사랑하는 가족이나 지인과 사랑을 공유할 수 있는 풍족한 사람이 될 수 있다.

살다 보면 누구나 억울한 일을 겪는다. 폭력, 폭언, 따돌림, 사기, 배신, 실패…. 어디 가서 하소연해도 남는 건 상처뿐이다. 주변 사람들에게 아무리 이야기해도 자신만큼 공감할 수는 없다. 그리고 그 힘든 시간은 영원할 것이라는 착각에 빠지게 된다. 하지만 삶이 즐겁든 괴롭든 무한정 지속되지는 않는다. 우리는 결국 죽음을 맞이하기 때문이다.

제약회사의 항암제부서에서 근무하다 보니, 병원에서 암 환자를 자주 보게 된다. 말기 암을 판정받고 대기실에서 우는 모습을 볼 때마다 마음이 아프다. 죽음을 앞둔 분들의 이야기를 간접적으로 접하며, 다른 사람에게서 받은 고통을 안고 살 필요가 없다는 확신이 들었다.

일주일 뒤 죽음을 맞이한다면 어떨까? 생각해보면 나를 힘들게 했던 사람을 생각하는 시간조차 아깝기만 하다. 사랑하는 가족과 더 많은 이야기를 하고 나누지 못했던 마음을 표현할 시간도 부족하기 때문이다. 이런 생각을 꼭 죽음을 앞두고 할 필요는 없다. 우리는 언제 죽음을 맞이할지 모른다. 그렇기에 주변의 언어폭력이나 괴롭힘을 곱씹으며, 나 자신을 힘들게 할 필요가 없다. 그런 사람들을 머릿속에 채우는 것이 얼마나 불필요한 행동인지 알아야만 한다. 나를 힘들게 하는 사람과의 괴로운 시간은 결국 지나간다.

상처를 받을지 말지를 결정하는 사람은 바로 나 자신이다. 그러므로 어려운 상황을 현명하게 극복할 방법을 스스로 찾아야 한다. 그래야 사랑하는 사람과 더 많은 시간을 나누며 좋은 추억을 만들 수 있다. 오늘도 누군가에게서 상처받아 우울하고 힘들다면, 내게 아직 선택의 기회가 있음을 명심하고 행복하게 살기를 바란다. 오늘도 누군가에게 상처받아 마음에 구멍이 났다면, 그 안에 꽃을 심자. 원망과 미움으로 채우기보다는 용서라는 물과 사랑이라는 꽃으로 내 마음을 채우자.

마지막으로 이 책이 언어폭력으로부터 스스로를 보호하고, 행복하게 사는 데 도움이 되었으면 한다. 시작 페이지부터 마지막 페이지까지 함께해주신 독자님들의 건강과 행복을 기원한다.

나를 지키는 대화, 커뮤라이제이션

초판 1쇄 발행 2021년 1월 15일

지은이 이정훈
펴낸곳 글라이더 **펴낸이** 박정화
편집 정안나 **일러스트** 김유진 **디자인** 디자인뷰 **마케팅** 임호

등록 2012년 3월 28일 (제2012-000066호)
주소 경기도 고양시 덕양구 화중로 130번길 14(아성프라자 6층)
전화 070)4685-5799 **팩스** 0303)0949-5799 **전자우편** gliderbooks@hanmail.net
블로그 http://gliderbook.blog.me/
ISBN 979-11-7041-051-5 03320

이 도서의 국립중앙도서관 출판예정도서목록(CIP)은 서지정보유통지원시스템
홈페이지(http://seoji.nl.go.kr)와 국가자료공동목록시스템(http://www.nl.go.kr/
kolisnet)에서 이용하실 수 있습니다.(CIP제어번호: CIP2020053572)

글라이더는 독자 여러분의 참신한 아이디어와 원고를 설레는 마음으로 기다리고 있습니다.
gliderbooks@hanmail.net 으로 기획의도와 개요를 보내 주세요. 꿈은 이루어집니다.